新时代大学生劳动教育
与实践研究

刘　强　著

延边大学出版社

图书在版编目（CIP）数据

新时代大学生劳动教育与实践研究 ／ 刘强著. -- 延
吉：延边大学出版社，2022.9
ISBN 978-7-230-03834-8

Ⅰ.①新… Ⅱ.①刘… Ⅲ.①大学生－劳动教育－研
究 Ⅳ.①G40-015

中国版本图书馆 CIP 数据核字(2022)第 167912 号

新时代大学生劳动教育与实践研究

著　　者：刘　强
责任编辑：具红光
封面设计：金世达
出版发行：北京人文在线文化艺术有限公司
社　　址：吉林省延吉市公园路 977 号　　　　邮　　编：133002
网　　址：http://www.ydcbs.com　　　　E-mail：ydcbs@ydcbs.com
电　　话：0433-2732435　　　　传　　真：0433-2732434
印　　刷：三河市龙大印装有限公司
开　　本：710×1000　1/16
印　　张：13
字　　数：200 千字
版　　次：2023 年 1 月 第 1 版
印　　次：2023 年 1 月 第 1 次印刷
书　　号：ISBN 978-7-230-03834-8

定价：68.00 元

前　言

劳动成就伟业——中国伟大发展成就是中国人民用自己的双手创造的，是一代又一代中国人接力奋斗创造的；劳动创造美好生活——人生在勤，勤则不匮。幸福不会从天降，美好生活靠劳动创造。

劳动是一切成功的必经之路，也是青年学生习得本领、开创未来、实现梦想、铸就辉煌的唯一路径。青年人有理想、有本领、有担当，国家就有前途，民族就有希望。新时代的大学生要自觉地将人生理想、价值追求融入国家富强、民族复兴的伟业之中，将个人梦想与中国梦紧密联系在一起，始终以国家主人翁的姿态，为坚持和发展中国特色社会主义付出辛勤劳动、作出应有贡献，立志成长为德、智、体、美、劳全面发展的社会主义建设者和接班人。

2018 年 9 月 10 日，习近平总书记在全国教育大会上强调："要在学生中弘扬劳动精神，教育引导学生崇尚劳动、尊重劳动，懂得劳动最光荣、劳动最崇高、劳动最伟大、劳动最美丽的道理，长大后能够辛勤劳动、诚实劳动、创造性劳动。"新时代大学生劳动教育就是要以习近平新时代中国特色社会主义思想为指导，以社会主义核心价值观为引领，教育大学生增进劳动认知、深植劳动情怀、锤炼劳动品质、养成劳动习惯，形成正确的劳动价值观，激发学生热爱劳动的内生动力，系统地提升学生的劳动素质，促进学生的全面发展。

本书是大学生劳动教育方向的著作，主要论述新时代大学生劳动教育与实践。本书从劳动的基本内容入手，针对劳动与劳动教育的内在关系，对新时代劳动教育体系构建，新时代大学生劳动教育实践等内容进行了研究。另外，本书对新时代大学生应具备的基本劳动能力、新时代劳动价值观等内容进行了介绍，旨在为新时代大学生劳动教育实践提供参考，对新时代大学生劳动教育的实施有一定的指导意义。

　　由于编者水平和精力有限，书中难免存在一些不足之处，敬请广大读者批评指正。

刘强

2022 年 6 月

目　　录

第一章　劳动与劳动教育

　　劳动是人类社会生存和发展的基础，是人类维持自我生存和自我发展的主要手段。人类的劳动是体力与智力的结合。随着生产力的发展和人们认识水平的提高，体力劳动和智力劳动渐渐分离。但是，体力劳动和脑力劳动作为一个整体不可分割，二者只是分工不同，没有高低贵贱之分。新的时代，人类劳动的形态已经发生了巨大变化。虽然随着人工智能时代的到来，大部分可以自动化的机械性劳动都可以被替代，但是体力劳动仍然是不可或缺的。体力劳动仍然是人们维持日常生活所必需的一种基本手段。体力劳动在培养人的好奇心、想象力和批判性思维方面的作用是不可替代的。

第一节　劳动的基本认识

　　新时代重提劳动教育是对劳动教育本质认识的回归。高等院校的学生应将劳动技能与劳动精神、工匠精神、劳模精神相结合，将社会实践与责任担当相结合，树立"大劳动观"，拓展劳动的广度与深度，重构个体与他人、社会与自然的关系，立志成长为一名爱劳动、会劳动、会感恩、会助人的德、智、体、美、劳全面发展的社会主义建设者和接班人。

一、劳动的概念和特性

（一）劳动的概念

劳动是人们为了一定的目的，把自己的脑力和体力作用于外界对象的活动过程，是创造物质财富和精神财富的社会实践。从劳动者自身的角度看，劳动是脑力和体力的支出；从劳动对象角度看，是劳动对象被认知、作用和改变的过程。

狭义的劳动概念包含三层含义。

第一，劳动是以认知和改变对象为目的的人类实践活动。劳动是以认知对象为目的的观察和思考，是以改变对象为目的的行为。若是无意识的行为，即使产生某一效果也不是劳动。例如，火车站候车室的低窗台，清洁工把它擦干净属于劳动，旅客在无意中用自己的衣服把它擦干净了，就不是劳动。劳动目的是劳动者在劳动之前思考、设定的，是劳动的动因和劳动者期望实现的目标。

第二，劳动是以人脑思维为主导的活动。劳动是人类所特有的实践活动。人的优势和特长是具有认知、记忆、思维和创造能力。人类的肌体行为是在大脑支配下进行的。例如，扫地是一种较为简单的普通劳动，对技能要求不高，但其速度和效果却因人而异。因为，支配肌体活动的思想不同，就决定扫地效果不同。若只想应付一下就不可能认真扫地，若要追求干净就绝不会大意。乒乓球运动员只有理解、贯彻了教练员"快、准、狠、变"的要求，才能取得好成绩。排球、篮球和足球运动员除了发挥个人技能，还要贯彻整体协作思想，去实施教练员为其制定的战略、战术，才能取得胜利。在思想支配下行动是人类劳动的根本特征。

第三，劳动必须作用于外界对象并建立和反映相互关系。劳动或是作用于自然物和人造物，或是作用于他人和动物。人类一切有目的的作用于外界对象的活动均是劳动。清洗自身躯体、做自我按摩等通常不称作劳动，为他人清洗、为他人按摩就是劳动；检讨自身、反省自我不算劳动，但把自己的经验或教训讲出来，指导他人，就是劳动；心理调适、自我安慰不算劳动，向他人提供心理咨询、疏导他人情绪，则属于劳动。人类的初始劳动都是作用和改变对象，并建立关系。同时，劳动和服务也反映一种社会关系。同样是洗头，为不同的对象洗，其付出的体力和脑力是相差不多的，但目的不同，投入的思想情感也不完全相同。给自己洗是出于自我呵护；给家人洗则表示关爱；在理发店为顾客洗，则是一种有偿服务，属于商业行为；去敬老院免费为老人洗头、洗脚，是义务劳动，是一种奉献。可见，作用对象不同，反映的社会关系不同，虽然物理效用一样，但其价值不同。开山修路、便利他人，既反映人与自然的关系，也反映人与社会的关系。

依据对象性所定义的劳动是狭义劳动。而广义的劳动，应当包括劳动者改变自我、服务自我的活动，包括学习、训练、反省和自我呵护等一切作用于主体自身的行为。因为，人是自然的一部分，只要生存就必然与自然、社会发生联系。通过学习、训练提高自身素养，自我呵护、整饬面貌，反躬自省、改正错误，均能改变主体与社会、自然的关系。改变自我、增强自身的劳动能力，就是提升自身在人才市场上的价值。可见，学习、训练其实是能增加自我价值的。因此，一切作用于主体自身的行为均可视作广义的劳动，其意义和价值在于改善主体与客体的关系，增强主体的劳动能力。

（二）劳动的基本特性

生产性劳动、服务性劳动和研究性劳动是人类社会最基本的劳动形式。

为什么蚂蚁在大堤内挖土筑穴是一种灾害，而人类掘土筑堤就是排洪劳动呢？应该承认，蚂蚁挖土与人工挖土，从力的作用上看，都是使泥土发生位移，只有力量大小的区别。其根本不同在于人类劳动是有大脑支配的有目的的活动，思维伴随着劳动的全过程。有思想支配是人类劳动区别于其他动物活动的根本特性。

可以从以下几方面来认识人类劳动的基本特性。

1.劳动的思维性

人的本质特征是有智力、有思维，智能是人类劳动的根本前提，没有思维就没有劳动。因此，人的劳动关系是由思想决定的。这种关系可以从四个方面来理解。其一，劳动以人脑的感觉、反映和思维为起点，人的思想贯穿劳动的全过程。其二，人们的劳动动机形成、劳动热情培育、劳动目标确定、劳动方法选择等，都取决于思想。劳动产品的性能是由指导劳动的人的思想决定的。其三，商品交换主要是思维成果的交换，因为商品中凝结的思想决定商品的功能，而人的肢体动作是表达和实现思想的手段。其四，劳动者之间的关系，本质上是思想关系。有人说，人的言行决定其与他人的关系，但是人的言行是由思想决定的。思想相通的人，一接触则相见恨晚；思想相悖的人，长期在一起也情志相离。利益论者认为，是利益关系决定人们之间的关系。那么，利益分配是由什么决定的呢？当然是由思想决定的。唯利是图者见利忘义，损人利己；品德高尚者重义轻利，礼让他人。

2.劳动的对象性

劳动是劳动者对劳动对象的作用。劳动对象大体可以分为三类。

（1）物质对象

物质对象，即脑力或体力作用于其上的东西，或称为承受物。这种劳动反映的关系是劳动者与物质对象的关系。劳动对象的客观物质性，决定了劳动的物质性。若是生产性劳动，则是劳动者在其思想支配下以体力作用于劳动对象，改变物质形态和性能，使之形成特有的实用价值或欣赏价值。修理类劳动是恢复产品功能的过程。物质对象包括可以感知而不可触摸的对象，如天文领域需要观察的天体和太空等。

（2）同类对象

服务性劳动，即劳动者以思想、情感、技能技巧来满足他人的某种需求的劳动。这种服务性劳动也必须有对象，就是劳动者的同类——人。诊疗、理发、推拿等都是直接服务于人的劳动。另外，不直接触摸他人的，如讲授、演唱、说书、答疑、舞蹈等也是服务于同类的劳动。

（3）概念性对象

也许有人问，独立思考时的劳动对象是什么？这种情况下也是有劳动对象的，思考的内容就是劳动对象，诸如生产、生活中的问题，理论、实践上的问题，科学、文化方面的问题等，都是对事物的概念、关系、规律等进行思考。并且，当思考有了结果时，该结果就可以被传输出来，传输结果离不开人的器官，如用口说、用手写等。任何劳动都离不开物质，思维器官——人脑也是一种物质。人脑思维离不开对象，如同手工劳动离不开对象一样。总之，任何劳动均离不开对象。

3.劳动与自然、社会的关联性

从本质而言，劳动反映的是劳动者与自然和社会的关系。这种关系可以从三个方面来理解。首先，服务性劳动，是人与人之间直接建立关系，如知识传授、心理咨询、保健推拿等，劳动服务的过程就是建立和深化这种关系的过程。其次，与物有关的劳动也不仅是与物建立关系，同时也是与社会成员建立关系。商品流通到消费者手中，满足了消费者的需要，从而在生产者与消费者之间建立了关系，也即在厂方与用户之间建立了关系。修路架桥等改造自然的劳动，给社会成员带来了方便，而受益者也从其他方面服务了他人。再次，劳动者与自然之间通过物质、信息和能量的良性交换，实现了自然养育人类和人类保护自然的统一。劳动者在社会上付出智力、体力和情感，同时，也从社会上获取物质和精神方面的回报。劳动者挣取工资，用工资购买自己所需商品，换取别人的服务。也因为劳动，劳动者获得职务、荣誉和尊重等精神报酬。

4.劳动主体与客体的互动性

劳动通常是改变对象、创造效用，满足人们的物质文化需要的社会实践。劳动是有益于人们生存和发展的思维和行为。一切损害他人利益、破坏自然环境和损害社会秩序的言行均不是劳动。偷盗、抢劫、剽窃他人成果，残酷施暴和侵略战争等均不是劳动，而属于社会病，是人类文明的毒瘤。劳动过程中主体与客体之间的作用是相互的。劳动者改变了劳动对象，如车工把毛坯加工成了精品件，清洁工搬走了垃圾，医生消除了患者病痛等。在此同时，劳动过程也改变了劳动者自身。例如，劳动者对劳动对象的认识深化了，其劳动技能提高了，肌体得到锻炼了，当然，也可能遭受一定的损伤。一些研究性劳动的对象几乎没有变化，只是研究者自身的认识得到深化。例如，用天文望远镜观察天象，天体不因观察者的观察而发生变化，但观察者自身却获得了信息，深化了认知。

5.劳动的主体协作性

劳动实践的过程，也就是劳动者表达和实现自己的思想或他人思想的过程。劳动主体可分为两种情况。一种是单一主体，即思想由劳动者个体表达和实现，此种情况相对简单，不必细述。第二种是多个主体，横向需要多主体协作，如医疗手术，需要麻醉、主刀、助手、监护等几方面人员的密切配合。也有纵向需要多级主体衔接的，如建筑业，建筑单位提出总的目标，是造教学楼，还是造图书馆；投资是 500 万，还是 5 000 万；要达到什么总体要求等。这些构想需要建筑单位用语言或文字清楚地表达出来，这是第一级。接着，设计师需在领会建筑单位总体要求的基础上进行构思，运用专业知识进行思考，形成几个设计方案，供建筑单位挑选，然后再进行具体设计，绘制正式图纸。设计的图纸不同，造出的建筑物功能就不同，这是第二级。图纸经建筑单位认可后，再交工程队施工。工程师、施工员和建筑工人在理解设计思想的基础上，按图纸施工，实施工程方案，实现设计思想，这就是第三级。建筑工人对砌砖、粉墙等具体操作要领的理解不同，或者说技能掌握程度不同，其工作的质量和效果也就不同，这是第四级。只有纵向衔接好，工程质量才能有保证。

6.劳动的实践发展性

人类劳动推动社会文明进步。社会文明进步又能改变人类的劳动方式。尤其是科学技术的发展,使人类劳动的对象、内容、方式都发生了革命性的变化。比如,从体力劳动为主变为脑力劳动为主;从手工劳动为主变为操作设备为主;从生产性劳动为主变为服务性劳动为主。

分析劳动的特性可以发现,决定劳动成效的首要因素是人们的智力以及人们掌握的知识和技能。

二、劳动的类型

按照劳动的复杂程度,我们可以把劳动分为简单劳动和复杂劳动两大类。简单劳动是在一定的社会条件下,不需要经过特别的专门训练,每个普通劳动者都能从事的劳动;复杂劳动是和简单劳动相对的,需要劳动者经过专门学习和训练,从而在技术上比简单劳动复杂的劳动,它等于强化了的简单劳动。

根据劳动所依靠的主要运动器官的不同,我们可以将劳动划分为体力劳动、脑力劳动、生理性劳动。体力劳动是指以人体肌肉与骨骼的劳动为主,以大脑和其他生理系统的劳动为辅的人类劳动。脑力劳动是指以大脑神经系统的劳动为主,以其他生理系统的劳动为辅的人类劳动。生理性劳动是指除体力劳动和脑力劳动以外的其他形式的人类劳动。

一般的人类劳动由体力劳动、脑力劳动与生理性劳动按照不同的比例关系组合而成。通常意义上的体力劳动是指那些体力劳动占主要比例的复合劳动,脑力劳动是指那些脑力劳动占主要比例的复合劳动,生理性劳动是指那些生理性劳动占主要比例的复合劳动。以下主要介绍前两种劳动。

(一)体力劳动

体力劳动按其成效可分为四类。

1.变形性劳动

变形性劳动就是在人的体力作用下使劳动对象的实物形态发生变化的劳动。比如,铁匠把铁条敲打成铁锹,木匠把木头做成家具,铸工把废钢铸成钢件,金工把毛坯加工成成品,等等。

2.变位性劳动

变位性劳动就是使实物发生位移或实现组合的劳动。比如,搬运工搬运货物,农民挖土填方,装配工进行整机装配,修理工进行零配件拆换等。

3.变质性劳动

变质性劳动就是改变物质的物理、化学性质的劳动。比如,酒厂工人用粮和水酿酒,钢厂工人以渗碳热处理的方式增强钢铁硬度,农民施肥促进庄稼生长,厨师对食材进行处理等。

4.服务性劳动

服务性劳动就是通过智力、体力、技术和感情投入以满足他人需要的劳动。比如,理发、推拿、伴舞、导游等。现在,人们把策划、咨询、代理、中介等也纳入广义的服务业,其实这些是以脑力为主的劳动。

（二）脑力劳动

脑力劳动大体可分为四类。

1.研究性脑力劳动

研究性脑力劳动是指研究客观对象，认识事物规律，进行发明创造，或针对问题提出对策、措施等的劳动。科研人员、各级官员、企业高管等主要从事的就是这类劳动。

2.传播性脑力劳动

传播性脑力劳动是指采集和传播新闻，传授知识和经验，传播各种有用信息等的劳动。传媒、教育、信息产业等都属于这类劳动。

3.运用性脑力劳动

运用性脑力劳动就是运用科学技术开发实用产品，结合当地实际情况，运用基础理论制定发展规划的劳动。比如，根据医疗原则，结合病人病情制订用药方案等。

4.施行性脑力劳动

施行性脑力劳动是指根据目标要求和具体方案予以实施的劳动。例如，中下层干部贯彻上级指令，金工按图纸要求加工零配件等。具体方式下文将陆续讨论。

脑力劳动的成果通常表现为知识产品。知识产品是指具有一定的物质载体，其价值却主要由所包含的知识所决定的产品，物质外壳只是知识的承载者。知识产品大体可分为四类。一是理论类。例如，自然科学、社会科学、人文科学、思维科学领域的实验结果和研究成果，其基本理论表述形式有论文、专著、学术报告等，可以是纸质版、电子版或真人演讲。二是应用类。例如，计划书、研究报告、应用软件、咨询文件等，通常当作方案、办法和工具使用。三是娱乐欣赏类。这类产品的功能是给人们带来文化和精神上的享受，满足人的文化和精神生活需要，如小说、电影、电视、电子游戏等。四是教育类。这类产品主要是传授知识和经验，开发人的智力。例如，基础知识、专业知识方面的文章，成功事迹报告、励志文章，学习软件、科教电影等。

三、劳动的作用和指标

（一）劳动的作用

1. 劳动创造了人类

劳动是人类适应自然和改造自然的独特方式。恩格斯说："首先是劳动，其次是语言和劳动一起，成为猿人发展的主要推动力，猿的脑髓逐渐变成了人的脑髓。"劳动创造智慧，智慧创造生产工具。人制造劳动工具通过劳动创造更多的价值。如果没有劳动，便没有发明与创造，那样人类社会将永远停留在原始、野蛮的古代社会，根本不会创造出如此灿烂辉煌的物质文明和精神文明。劳动是人类生存的需要，也是保证自身安全的需要，最终目的是实现人的自我发展。

2. 劳动开发了思维

人类的思维活动离不开实践活动，而智力的核心是思维能力。实践活动既有学习活动，又有创造活动，而劳动兼有学习与创造这两个功能。例如，在劳动过程中，大学生往往会遇到课堂上、书本里没有的问题，这就会促进其大脑进行思考。与此同时，大学生就要对劳动的结果有所预想，就要设计达到目的的过程。当大学生克服了劳动中的困难，解决了劳动中的问题，看到了自己的劳动成果，便会获得成功的喜悦，这将进一步激发他们的求知欲和学习兴趣，促进其智力发展。而这一过程在其他活动中是难以实现的。

3.劳动培养吃苦耐劳精神

劳动不仅是一种生活体验，也是锻炼我们动手能力、社会实践能力的重要途径，更是培养我们尊重劳动、勤俭节约、劳动光荣等价值观的重要方式。现在，让学校老师和企业比较头疼的大学生就业问题是，有个别大学毕业生在企业里干不了几天就辞职走人。他们受不了一点儿苦，没有坚定的意志，缺乏吃苦耐劳的精神。因此，大学生在学校里应多参与一些力所能及的劳动，在活动中要能吃苦，勇于自我挑战，使自己敢于吃苦、乐于吃苦，从而培养吃苦耐劳的劳动精神。随着社会的进步、科学的发展，大学生在未来社会所从事的劳动越来越依靠智力而不是体力。尽管如此，基础劳动总是必需的，脑力劳动不会完全替代体力劳动。

4.劳动培养责任意识

劳动是衡量一个人综合素质的最终形式。通过劳动教育，人的道德、知识、能力、素质可以得到全面、综合的提升。劳动有助于培养人独立自主的生活能力；有助于增强人的公民意识和社会责任感。国内外大量的调查研究表明，若一个人能从小养成劳动习惯，长大后更可能具有责任心，也更容易适应家庭生活和职场工作的需要；而不爱劳动的人恰恰相反，他们更可能成为生活与职场的失败者。

5.劳动培养劳动价值观

思想决定行动，树立什么样的劳动价值观很重要，这将直接影响人们对劳动的态度和行为。教育的本质是培养人，从人的发展视角来看，其根本目的就是全面提高劳动者的素质，为了实现这一目的，每个人必须克服轻视劳动的观念，把劳动教育提高到全面贯彻教育方针的高度。新时代的劳动教育是我国高等教育的重要内容，直接决定大学生作为社会主义建设者和接班人的劳动精神面貌、劳动价值取向和劳动技能水平。因此，要重视大学生劳动教育，使其树立正确的劳动观，以劳动为荣，把劳动当作一种乐趣，融入物质和精神生活之中。

6.劳动是个人和家庭幸福的源泉

幸福是个人由于理想的实现或接近而引起的一种内心满足。追求幸福是人们的普遍愿望。幸福不仅包括物质生活，也包括精神生活；幸福不仅在于享受，也在于劳动和创造。在科学技术日新月异的未来社会，大学生必须具备多方面、多层次的劳动能力和勤奋工作的态度。不论将来从事什么工作，大学生都需要有动手的能力，这与知识的掌握既有联系又有区别。如果大学生在校园里就珍惜动手机会，有意识地培养自己的动手、动脑能力，久而久之，就会使自己形成动手、动脑的好习惯，在未来社会中便能很好地适应生活和工作的需要。

（二）劳动的指标

劳动指标是用劳动单位计量的总量指标。劳动单位是用一定时间内完成的一定工作量或用一个劳动力工作一定时间作计量单位。总量指标按计量单位的不同，分为实物指标、价值指标和劳动指标。例如，出勤工日、实际工时、定额工时等。

劳动时间、劳动总产量、劳动生产率、劳动总价值等常用作统计和比较的指标。

劳动时间是指在一定时间和一定区域内，生产某种产品的总的工作时间。

劳动总产量是指在一定时间、一定区域内，生产某种产品的总数量，这是衡量劳动成果的数量指标。

劳动生产率是指在一定时间、一定区域内，单位劳动时间的产量，这是衡量劳动效率的质量指标。劳动生产率与劳动效率呈正相关关系。

劳动总价值是指在一定时间、一定区域内，生产某种产品的总数量对应的货币的数量。这是衡量劳动成果的价值指标。

企业在运营管理中会制定比较完善的劳动评价指标体系，对劳动者的效率和质量进行衡量，判断劳动者创造的价值多少，以此决定劳动者的劳动报酬。

第二节　马克思主义劳动观
与新时代劳动精神

一个人只有树立了正确的劳动观，才能自觉强化劳动意识，用双手和智慧去创造人生，实现自己的理想，并对其人生观、世界观的形成起到积极的作用。

一、马克思主义劳动观

（一）劳动观的概念

人们在劳动的过程中，总会形成对劳动的看法和认识，这就是劳动观。劳动观反映着劳动者对劳动的态度，决定着劳动者在劳动过程中的行为。劳动观作为意识形态领域的内容，与人生观、世界观是一脉相承的，劳动观生动地反映着人生观、世界观。随着经济的发展和科技的进步，劳动被赋予新的内涵。一个人只有树立了正确的劳动观，才能让自己更好地尊重劳动人民，更好地珍惜自己的劳动成果，并以热情饱满的劳动态度积极投入到社会劳动生产过程当中，从而不断提高劳动生产率，为社会创造出更加丰富的物质财富，促进个人的全面发展。

（二）马克思主义劳动观的内容

马克思认为，全部人的活动迄今都是劳动。劳动是马克思思想体系中的核心观念，是马克思主义理论研究的基础。马克思把劳动比喻成整个社会为之旋转的太阳，劳动是人类生存的本质，人类的发展过程就是劳动的发展史。马克思主义对劳动的论述主要包括劳动本质论、劳动价值论以及劳动解放论。

1.劳动本质论

人的本质是什么，一直是困扰哲学界的一个重要命题。马克思主义认为劳动是人的本质，人的本质是一切社会关系的总和。

（1）劳动创造了人本身

恩格斯在《劳动在从猿到人转变过程中的作用》一文中，详细描述了劳动在人类从猿进化为人的过程中的作用。会创造和使用劳动工具把人类社会与猿类世界区分开来。劳动不仅使人类学会了直立行走，并且促使人类创造了语言。

（2）劳动创造了人类生活

马克思、恩格斯在《德意志意识形态》中明确指出："全部人类历史的第一个前提无疑是有生命的个人的存在。"而这些"有生命的个人"之所以能够存在，主要是因为他们能通过自己的劳动来创造和生产物质生活资料。因此，"第一个需要确认的事实就是这些个人的肉体组织以及由此产生的个人对其他自然的关系"。劳动的过程就是人通过自身的劳动作用于自然的过程，是人的本质力量与自然之间的一种物质交换过程，正是"通过实践创造对象世界，改造无机界，人证明自己是有意识的类存在物，就是说是这样一种存在物，它把类看作自己的本质，或者把自身看作类存在物"。

（3）劳动是一切价值的创造者

马克思认为，劳动是一切价值的创造者。只有劳动才赋予已发现的自然产物以一种经济学意义上的价值。恩格斯在《自然辩证法》中也同样有着明确的表述，"其实，劳动和自然界在一起，它才是一切财富的源泉，自然界为劳动提供材料，劳动把材料变为财富。但是劳动的作用还远不止于此。它是一切人类生活的第一个基本条件，而且达到了这样的程度，以致我们在某种意义上不得不说：劳动创造了人本身"。劳动是人类创造物质和精神财富的活动。

（4）劳动创造了社会关系

劳动不仅创造了人与自然的关系，还形成了人与人之间（即"劳动资料的占有和使用关系，劳动的分工和协作关系，劳动产品的交换、分配和消费关系等"），以及人与主观意识之间的关系，而这些关系成为人类社会的基本关系，社会是人类劳动的产物，是劳动的展开形式，也必将随着劳动的发展而发展。

2.劳动价值论

劳动价值论是马克思关于劳动创造商品价值及商品生产、交换遵循价值规律的理论，它详细阐述了商品经济的本质和运行规律。

生产商品的劳动可划分为具体劳动和抽象劳动，具体劳动创造商品的使用价值，抽象劳动创造商品的价值。具体劳动与抽象劳动是生产商品劳动的两种形态，是同一劳动的两个不同方面，不是生产商品的两次劳动。

抽象劳动内在的属性是生产商品过程中人类脑力或体力的支出（人类的一般劳动），其外在的属性则是生产商品、创造价值的劳动，抽象劳动创造的商品价值是商品经济社会特有的经济特征。马克思认为，在一切社会状态下，劳动产品都是使用物品，但只是历史上一定的发展时代，也就是生产一个使用物品耗费的劳动表现为该物的"对象的"属性，即它的价值的时代，才使劳动产品转化为商品。

抽象劳动内化为商品的价值，外化为商品的交换价值。正如马克思所说，我们实际上也是从商品的交换价值或交换关系出发，才探索到隐藏在其中的商品价值。这种体现着商品生产者之间平等交换劳动的社会关系正是以抽象劳动为内核。

3.劳动解放论

劳动解放论是从劳动本质论和劳动价值论中得出的对科学社会主义的深刻表述，认为劳动的发展过程推动了人类史当中在自然和社会两方面的不断解放。首先，劳动解放是人类智力的提高过程，是劳动工具的改进与经济形态的创新，而不是一种简单的政治行为或者政权的归属问题。其次，劳动者解放程度是衡量社会文明的尺度和标准，劳动者解放程度的前进或者倒退，直接反映出社会的政治体系与制度模式的优劣。总之，劳动者解放是全人类的共同使命，一切社会制度都必须遵从并致力于劳动者的社会解放。

二、新时代劳动精神的内涵

党的十八大以来，习近平总书记结合新时代历史特点对马克思劳动观进行了创新性解读，在继承和发展马克思劳动观的基础上，逐步形成了新时代的马克思劳动观，即中国特色社会主义劳动思想体系。

（一）新时代劳动实践观

1.大力倡导辛勤劳动

"辛勤劳动"是苦干。"人生在勤，勤则不匮"。幸福不会从天而降，美好生活靠劳动创造。一段时间以来，一些人忽视了劳动对推动人类历史发展的决定性意义，以为在市场经济和信息时代，劳动不再那么重要了，于是不重视劳动、不尊重劳动者。这些错误认识严重脱离我国经济社会发展的实际情况。我国是一个发展中的大国，而且是一个人口大国、劳动力大国。解决我国一切问题的关键是发展，而发展最根本的就是要靠劳动。我国目前已消除妨碍劳动力、人才社会性流动的体制、机制弊端，使人人都有通过辛勤劳动实现自身发展的机会。

2.大力倡导诚实劳动

"诚实劳动"是实干。中国发展的伟大成就是中国人民用自己的双手创造的，是一代又一代中国人接力奋斗创造的。要努力营造鼓励脚踏实地、勤劳创业、实业致富的社会氛围，组织动员广大劳动群众立足于本职岗位诚实劳动，用劳动成就伟业。无论从事什么劳动，都要干一行、爱一行、钻一行。

3.大力倡导创造性劳动

"创造性劳动"是巧干。创造性劳动是通过人的脑力劳动萌发出技术、知识、思维的革新，从而提升劳动效率、产生出超值社会财富或成果的劳动。2016年4月，习近平总书记在知识分子、劳动模范、青年代表座谈会上提出："广大劳动群众要勤于学习，学文化、学科学、学技能、学各方面知识，不断提高综合素质，练就过硬本领。"必须举全社会之力，深入推进产业工人队伍建设改革，健全技能人才培养、评价、使用、激励、保障等制度，激励广大劳动者走技能成才、技能报国之路，培养造就大批知识型、技能型、创新型人才，为实现我国高质量发展提供智力支持和人才保证。

（二）新时代劳动正义观

1.尊重劳动和劳动者，公平对待劳动

尊重劳动，首先要尊重在一切劳动形式下从事劳动的主体——劳动者。曾几何时，社会上出现了不重视劳动、不尊重劳动者的现象，不少人不愿意从事具体劳动，期望一夜暴富，这既不利于重视劳动、尊重劳动者、鼓励劳动创造风气的保持，也不利于劳动者正确思想道德观念的形成和树立，甚至会给社会稳定埋下隐患。对此，我们要保持足够的警惕和清醒的认识。

2.坚持分配正义，共享劳动成果

公平正义不仅是一种价值观念和伦理要求，也是一种现实的需要。经济与社会的发展既要依靠人民群众，也是为了人民群众，这是中国特色社会主义的一条铁的法则。2020 年 5 月，中共中央、国务院《关于新时代加快完善社会主义市场经济体制的意见》明确提出，坚持多劳多得，着重保护劳动所得，增加劳动者特别是一线劳动者劳动报酬，提高劳动报酬在初次分配中的比重，在经济增长的同时实现居民收入同步增长，在劳动生产率提高的同时实现劳动报酬的同步提高。健全劳动、资本、土地、知识、技术、管理、数据等生产要素由市场评价贡献、按贡献决定报酬的机制。经济发展的根本目的在于让劳动者共享改革发展成果，促进社会公平正义。

3.构建和谐劳动关系，实现体面劳动

劳动关系是生产关系的重要组成部分，是最基本、最重要的社会关系之一，其协调稳定影响并决定着一个社会是否和谐。劳动创造了人类社会，在劳动基础上产生了各种各样的社会关系。劳动构成了人自身发展、人类社会进步的原动力。2019 年 11 月，党的十九届四中全会通过的《中共中央关于坚持和完善中国特色社会主义制度 推进国家治理体系和治理能力现代化若干重大问题的决定》强调："健全劳动关系协调机制，构建和谐劳动关系，促进广大劳动者实现体面劳动、全面发展。"这为我们指明了方向。

（三）新时代劳动幸福观

幸福劳动是通往美好生活的起点和归宿。幸福劳动不同于体面劳动，它高于体面劳动，应该是"体面劳动＋全面发展"，既是通往美好生活的起点，也是人们追求美好生活的归宿。幸福劳动可以使人自由全面发展，让其能够更有尊严、更加智慧、更加优雅、更加幸福地生活，有助于全面打造一个属于劳动者的时代，真正实现国家富强、民族振兴、人民幸福。

（四）新时代劳动教育观

劳动造就"全面发展的人"。2020 年 3 月，《中共中央 国务院关于全面加强新时代大中小学劳动教育的意见》（以下简称《意见》）指出，要把劳动教育与德育、智育、体育、美育相融合，积极探索具有中国特色的劳动教育模式。《意见》还明确指出劳动教育的总体目标是"通过劳动教育，使学生能够

理解和形成马克思主义劳动观，牢固树立劳动最光荣、劳动最崇高、劳动最伟大、劳动最美丽的观念"。

习近平总书记明确提出，要以凝聚人心、完善人格、开发人力、培育人才、造福人民为工作目标，努力构建德智体美劳全面培养的教育体系，形成更高水平的人才培养体系，并强调要在学生中弘扬劳动精神，教育引导学生崇尚劳动、尊重劳动，将劳动教育纳入新时代"培养什么人"这一"教育首要问题"的总体要求之中，把劳动教育的地位和意义提到了前所未有的高度。

第三节　劳动教育的基本理论

社会在发展，教育在进步。在新的时代，劳动教育必然会在与社会的互动中保持时代性，呈现出自己鲜明的特色。

一、劳动教育的概念和本质

（一）劳动教育的概念

劳动教育是国民教育体系中与德智体美并举的专门一部分。苏霍姆林斯基认为，劳动教育是对年青一代参加社会生产的实际训练，同时也是德育、智育和美育的重要因素。其劳动教育的理想追求是使每一个人在少年时期和青年早期就能领悟到劳动能使他的自然天赋更全面、更明显地发挥出来，劳动会带给他精神创造的幸福。陶行知把劳动教育视为"在劳力上劳心"的实践活动。他说："中国教育之通病是教用脑的人不用手，不教用手的人用脑，所以一无所能。""劳动教育的目的，在谋手脑相长，以增进自立之能力获得事物之真知及了解劳动者之甘苦。"当代学者陈勇军认为，劳动教育的本质含义是指通过参加劳动实践活动所进行的一种有目的、有计划、有组织的培养受教育者多种素质的教育活动，是融德育、智育、体育、美育为一体的全面提高学生素质的综合性教育。

劳动教育是国民教育体系的重要内容。如前文所述，马克思主义劳动观认为，劳动创造世界、劳动创造历史、劳动创造人本身，劳动是人类的本质特征和存在方式，是实现人的全面发展的重要途径，劳动在人类文明进步和社会发展中发挥了重要作用；马克思主义政治经济学则强调劳动价值理论，倡导按劳分配等社会主义经济原则；在马克思主义的教育思想中，培养在体力、脑力上全面发展的人，以及"教育与生产劳动相结合"等，一直是社会主义教育实践的重要指导理论。

在我国社会主义教育方针及相关教育政策中，劳动教育也一直受到高度重视。可以说，劳动教育是社会主义建设事业的需要，对劳动教育的强调是社会主义教育的根本特征之一。然而，随着市场经济体制的建立，工业化和城市化进程的不断推进，受到人口与计划生育政策等因素的影响，社会对劳动的认识也在逐步发生变化。当前一些大学生不珍惜劳动成果、不想劳动、不会劳动，劳动教育正在被软化、弱化。基于此，必须明确新时代劳动教育是我国高等教育的重要内容，是我国国民教育体系不可缺少的一部分，是大学生成长的必要途径。加强新时代劳动教育，要以习近平新时代中国特色社会主义思想为指导，帮助当代大学生深刻理解和形成马克思主义劳动观。

《教育大辞典》从劳动教育的内容和劳动素养出发，将劳动教育定义为"劳动、生产、技术和劳动素养方面的教育，旨在培养学生正确的劳动观点、劳动态度、劳动习惯，使学生获得工农业生产基本知识和技能"。学者檀传宝也从劳动素养方面界定了劳动教育，认为劳动教育是以提升学生劳动素养的方式促进学生全面发展的教育活动，并指出良好的劳动素养包括确立正确的劳动观点、积极的劳动态度，热爱劳动和劳动人民，形成劳动习惯，拥有一定的劳动知识与技能，有能力开展创造性劳动等。可见，在养成良好劳动素养方面，劳动教育特别强调以下方面：其一，促进学生具备一定的劳动知识与技能，使其成为全面发展的人；其二，发展学生创造性劳动的潜质，使其成为新时代所需要的创造性劳动者；其三，促使学生形成良好的劳动习惯，使其成为"流自己的汗、吃自己的饭"的有尊严、有教养的现代公民。

高等教育培养的是适应生产、建设、管理、服务等各行业需要的高素质人才，尤其需要这些人才具备吃苦耐劳、艰苦奋斗的精神。在社会价值观多元化的背景下，一些大学生好逸恶劳、拈轻怕重，毕业后频繁跳槽，其劳动意识、劳动态度以及劳动精神等方面都出现了一定的问题。劳动教育是培养和提高大学生劳动素质和职业能力的重要途径，有助于培养其正确的劳动观、价值观、成才观，对高等院校的育人工作有着重要意义。高等院校重视劳动教育，重构德智体美劳的教育体系，既是落实教育为人民服务、培养社会主义劳动者的政治需要，又是培养大国工匠、助推产业结构转型升级的经济需要，更是调整教育结构和提高教育质量的需要。

（二）劳动教育的本质

劳动教育是人才培养体系的重要一环，是顺应新时代劳动发展趋势，对劳动者进行系统的劳动思想教育、劳动技能培育与劳动实践锻炼，全面提高劳动者劳动素养的过程，其目的是引导新时代劳动者在劳动创造中追求幸福感、获得创新灵感，培养具有社会责任感、创新精神和实践能力的人才。该定义从以下几个方面明确了新时代劳动教育的本质。

1.劳动教育理念的科学化

观念是行为的先导，理论是行动的指南。劳动教育必须成为与德智体美并行的教育。要科学地认识劳动教育的价值，并准确地贯彻实行，不能使其在学校中被弱化，在家庭中被软化，在社会中被淡化。劳动教育需要价值化而不能工具化，要从培养学生良好的劳动价值观和促进学生全面发展的角度出发，重新设计劳动教育课程，而不能使其只满足于简单的劳动技能、劳动知识的教育。

2.劳动教育特质的时代化

劳动在不同的时代具有不同的特质。在农业文明时代，生产劳动主要是以经验或技术的方式进行。在工业文明时代，生产劳动是以技术加科学的方式进行，强调制造。在信息时代，科技制胜，生产劳动演变成以科学技术的方式进行，人才成为第一资源，创新成为发展的第一动力，劳动更在于"智造"而非"制造"。因而，劳动教育需要适应时代发展特点，引导大学生尚进尚新，以

"有本领"的面貌肩负起自己的时代担当。

3.劳动教育形式的多样化

劳动教育的实施要科学规划，做好设计，依据不同的教育目标，采取不同的教育形式。要统筹安排好学校、社会和家庭劳动教育的形式与关系，在具体形式上，要适应时代特点，在传统体力劳动的基础上更加重视创造性的非体力劳动形式，如发明创造、公益活动、志愿服务，以及其他非物质劳动形式，如数字劳动、体育劳动等。

二、我国劳动教育的发展历程

中华人民共和国成立以后，为进行社会主义建设，推进现代化，党和国家对如何开展劳动教育进行了实践和探索。概括来说，中华人民共和国成立以来，劳动教育经历了以下三个时期。

（一）劳动教育的奠基与曲折发展时期（1949—1977 年）

新中国成立初期，我国各领域建设百废待兴，为适应国家的发展需要，这一时期我国的主要任务是建立适应社会主义建设的教育新模式，毛泽东继承和发展了早期无产阶级领导人马克思、恩格斯关于教育与生产劳动相结合的观点，借鉴苏联的教育经验和教育模式，力图摸索出一条符合新中国实际情况的劳动教育之路。1949 年，第一次全国教育工作会议提出了教育要为无产阶级政治服务，与生产劳动相结合，与社会实践相结合的教育方针。

1957 年，毛泽东在《关于正确处理人民内部矛盾的问题》中谈到，通过教育，要让受教育者在德育、智育、体育等方面得到发展，成为有社会主义觉悟的、有文化的劳动者。在此期间，以毛泽东为核心的党中央高度重视劳动教育问题，其外显性表现为强调教育与生产劳动相结合，注重劳动的生产性和实用性，注重培养学生的动手能力和实践能力。但是在"文化大革命"期间，教育与生产劳动相结合被误解为要在生产劳动过程中改造人们的思想，忽视了教育的发展规律。总体而言，毛泽东提出的一系列关于劳动教育的方针是符合当时国情的，教育与生产劳动相结合的教育方针，明确了新中国培养人才的方向，明确了劳动教育的发展方向，更重要的是有助于我国培养一大批素质较高的社会主义条件下的劳动后备军。

（二）劳动教育的探索革新时期（1978—2011 年）

1978 年，邓小平在全国教育工作会议上指出，让教育事业同国民经济发展的要求相适应是重点，我们需要认真研究工作的方式方法，贯彻落实教育与劳动相结合的方针，培养合格的社会主义建设人才。随着改革开放的推进，我国面对的是与以往不同的新形势，拥有的是与以往不同的新条件。社会现代化生产的速度，要求我国必须拥有具备高水平、有经验、有技能的劳动者。党的十一届三中全会后，党的工作重心开始转移，随即对劳动等相关问题展开了一系列讨论。

首先，提出"科学技术是第一生产力"的重要论断，强调重视科学技术及教育在劳动生产中的作用。1995 年，江泽民提出"科教兴国"战略。他认为，经济建设应该更多地依靠科技进步和高素质劳动者的劳动，要把提高全民族的科技文化素质作为教育目标之一。1998 年，教育部办公厅出台的《关于加强普通中学劳动技术教育管理的若干意见》明确指出，要把劳动技术教育纳入督导评估内容的指标体系，将劳动技术教育的开展效果作为评选教育先进单位和先进学校的重要指标。

其次，在全国范围内倡导尊重知识与劳动。1982 年教育部印发《关于普通中学开设劳动技术教育课的试行意见》，这也是中华人民共和国成立以来首个对劳动教育考核有明确标准和要求的教育文件。文件不仅规定了初中及高中劳动技术教育课程的相关安排，而且将学生的劳动态度和劳动素养纳入"三好学生"的评选标准。

最后，重申脑力劳动者的地位。党的十一届三中全会后，邓小平明确指出，要注重知识分子与工人、农民相结合，知识分子是工人阶级的一部分，也是社会主义现代化建设的一支基本力量。

在 21 世纪的时代背景下，要建设现代化的社会，除了坚持教育与社会实践相结合，还必须培养大量高素质的劳动人才。1997 年，江泽民在党的十五大上强调，必须把经济建设转移到依靠科技进步和提高劳动者素质的轨道上来，还指出了现代教育的重要特征。2004 年以来，劳动教育相关信息出现的频次越来越高，党和国家高度重视劳动教育工作，为大力推进校企合作、工学结合，加强勤工俭学，为劳动实践提供实现依据。2005 年，胡锦涛在全国劳动模范和先进工作者表彰大会上的重要讲话中，进一步强调了我们要全面贯彻尊重劳动、尊重知识、尊重人才、尊重创造的方针，强调要使热爱劳动、勤奋劳动、尊重劳动、保护劳动蔚然成风，强调要努力形成劳动光荣、知识崇高、人才宝贵、创造伟大的时代新风。

（三）劳动教育的创新发展时期（2012 年至今）

党的十八大以来，习近平总书记曾多次强调劳动的地位和劳动的作用。2018 年 9 月 10 日，习近平总书记在全国教育大会上强调："新时代新形势，改革开放和社会主义现代化建设、促进人的全面发展和社会全面进步对教育和学习提出了新的更高的要求。"通过劳动教育，学生能形成正确的劳动观，能意识到劳动是实现个人全面发展的基础。这是习近平总书记对我国劳动教育方针的准确阐释，凸显了劳动教育在新时代中国特色社会主义中的重要作用，回答了新时代下"怎样培养人"的问题，明确了劳动的价值和劳动教育的重要性。《教育部 2019 年工作要点》中明确指出："全面构建实施劳动教育的政策保障体系，开展劳动教育情况考核、评估和督导。""出台加强劳动教育的指导意见和劳动教育指导大纲，修订教育法将'劳'纳入教育方针。"新时代下的劳动教育，旨在帮助学生树立正确的劳动观念和劳动态度，帮学生养成勤于劳动、善于劳动的习惯，让学生意识到劳动是实现个人全面发展的基础。

2020 年 3 月，中共中央、国务院印发了《中共中央 国务院关于全面加强新时代大中小学劳动教育的意见》（以下简称《意见》）。这是中华人民共和国成立以来，国家最高层面首次对大中小学劳动教育进行顶层设计和系统部署，我国劳动教育步入了"快车道"。

劳动教育直接决定社会主义建设者和接班人的劳动精神面貌、劳动价值取向和劳动技能水平。要建立公示、审核制度，确保记录真实可靠。把劳动素养评价结果作为衡量学生全面发展情况的重要内容，作为评优评先的重要参考和毕业依据，作为高一级学校录取的重要参考或依据。这一重大举措对系统地培养学生的生活劳动技能、生产劳动技能、服务性劳动技能，提升人们的职业素养，提高全社会的职业水平，营造良好的职业环境具有重大、深远的意义。

三、加强劳动教育的必要性

（一）劳动教育是遵循马克思主义教育思想的必然要求

对照人类社会的发展史，无论是人类自身发展和解放，还是获得物质财富，都离不开劳动，幸福也需要通过劳动创造。重视劳动，强调教育与劳动相结合，是马克思主义教育思想的重要主张。马克思主义哲学认为，劳动推动社会历史进步，是人作为人之最本质、最显著的特征。因此，人民创造历史，劳动开创未来。劳动是推动人类社会进步的根本力量，是人民美好生活的源泉。构建德智体美劳全面发展的教育体系，加强劳动教育，是回归人之本质、重视学生自身主体性的教育方式，能够帮助学生在自主实践中发现自我，通过双手改变和创造自己的生活。

（二）劳动教育是立德树人的重要途径

立德树人既是教育的根本任务，也是检验教育成效的根本标准。立德树人的目的在于培养德智体美劳全面发展的、合格的社会主义建设者和可靠的接班人，劳动教育则是实现立德树人目标的一个重要过程。首先，劳动教育丰富了教育工作的内涵，促使学生端正劳动态度并树立正确的劳动观念，能够培养学生对劳动和劳动人民的思想感情，逐步养成热爱劳动、善于劳动及勤于劳动的素质。其次，劳动教育和道德教育紧密联系，劳动教育也是加强德育的过程。因此，道德教育与劳动教育相结合也是德育的一种方法。我国历来注重劳动教育的重要作用和实际意义，将劳动视为人们形成良好道德品质的重要途径。"德之根在心，人之本在劳"，二者结合就是立德树人的根本。

（三）劳动教育的实际作用和现实需要

无论是国家富强，还是民族复兴，离开了劳动，都将是无源之水、无本之木。马克思高度肯定了劳动对于创造人和创造历史的重要意义。劳动教育是劳动和教育的有效结合，一方面能发挥劳动的实践效用，通过利用和总结实践经验实现了理论和实践相结合，人们得以在实践中学习、在学习中实践；另一方面能发挥教育的效用，增进学生对劳动生产知识和技术的认识与理解，提高学生的劳动实践能力及分析、解决问题的水平。在现实生活中，由于社会物质生活的日益丰富，部分家长的教育方法失之偏颇，比如替学生做了学生自己应该做的事情，导致部分学生连基本的洗衣、扫地、整理物品、料理个人的日常生活等小事都做不来。劳动教育与德育、智育、体育、美育密不可分，有助于完善教育工作，培养德智体美劳全面发展的人才。

目前，面对全球社会和经济的持续动荡，我国经济发展遇到了前所未有的风险和挑战，未来社会发展具有很大的不确定性。但有一点是明确的，劳动始终是推动社会发展的主导力量。所以，我们必须确立劳动者在社会生活中的主体地位，在社会发展中多鼓励劳动创造，在社会分配中更加重视劳动，在社会关系中更加尊重劳动者，激发劳动创造的活力；必须深刻认识到劳动是世界上第一神圣的事业，要积极营造劳动最光荣、劳动者最伟大的社会氛围，大力倡导辛勤劳动、诚实劳动、创造性劳动、幸福劳动，奋力谱写新时代的劳动之歌。

第二章 新时代劳动价值观

劳动价值观直接决定社会主义建设者和接班人的劳动精神面貌、劳动价值取向和劳动技能水平。广泛开展劳动教育实践活动，就一定要引导学生树立正确的劳动价值观，让学生在劳动中提升综合素质，促进学生全面发展。

第一节 新时代劳动精神

新时代劳动精神内涵丰富，对大学生成才具有十分重要的现实意义。本节立足于劳动与劳动精神的关系，重点对新时代劳动精神进行简述，旨在让大学生明白新时代劳动精神的内涵，帮助他们在新时代的建设中施展才华，建功立业，真正成为新时代社会主义事业的建设者和接班人。

一、劳动与劳动精神

（一）劳动精神的含义

"精神"一是指人的意识、思维活动和一般心理状态，另外是指（人）所表现出来的活力和活跃、有生气。劳动精神则是指劳动者所秉持的热爱劳动的态度、崇尚劳动的理念及其展现出的积极的人格气质。"热爱劳动的态度、崇尚劳动的理念"体现为对劳动价值的正确认识、对劳动态度的正向认识、对劳动者和劳动成果的尊重和珍惜等;"积极的人格气质"是"热爱劳动的态度、崇尚劳动的理念"在劳动者身上的个性体现,具体表现为劳动者身上焕发出来的辛勤劳动、诚实劳动、创造性劳动的活力风貌。劳动精神是劳动者关于劳动的思想认知和行为实践的集中体现,其本质上反映的是劳动者的思想情感和人格气质。

本文对于"新时代劳动精神"内涵的理解,应重点把握以下两点。

一是 2020 年 3 月份中共中央、国务院颁布的《意见》有针对性地对大学、中学、小学学生的劳动精神教育提出了内容指引:勤俭、奋斗、创新、奉献,符合国家和社会对于学生的期盼和要求。大学生正处于世界观、人生观、价值观形成的关键时期,可塑性很强,在没有真正进入社会劳动岗位时,其实也或多或少接触了兼职、社会实践、志愿服务等形式的劳动,容易受到不良风气的影响,所以在高校里必须加强大学生的劳动精神教育。

2020 年 11 月 24 日,习近平总书记在全国劳动模范和先进工作者表彰大会上,将"劳动精神"进一步凝练和升华为 16 个字:崇尚劳动、热爱劳动、辛勤劳动、诚实劳动。这 16 个字的劳动精神内涵是相对于全社会普通劳动者来说的。大学生尚未参加实际劳动工作,对他们来说,更需要强调勤俭、奋斗、创新、奉献的劳动精神。"崇尚劳动、热爱劳动、辛勤劳动、诚实劳动",是大学生参加工作后追求的目标和努力的方向。

二是要把劳动精神、劳模精神、工匠精神做一定的区分。如果说劳动精神是每一名合格劳动者的基本精神风貌的要求，那么劳模精神便是劳动者中的杰出代表的精神风貌。如果说劳动精神是劳动者的共性，那么工匠精神就是精益求精、追求卓越的劳动者的个性。三者的共同点在于，劳动精神、劳模精神、工匠精神都是广大劳动者通过劳动磨砺出来的精神产物，都是广大劳动者的精神财富。基于劳动精神的基础性，在大学生中着重开展劳动精神教育，既符合大学生身份的要求，又能为优秀大学生将来能成长为行业劳模、大国工匠打下坚实基础。

（二）劳动与劳动精神的关系

劳动精神是人们劳动的精神产物和精神财富。马克思主义认为，劳动是人类的本质活动，劳动精神则是每一个人都应该学习且必备的精神。劳动精神缺失的人，对劳动的价值认识不清，对劳动的态度不端正，对劳动者和劳动成果不尊重、不珍惜，将难以自理自立，甚至难以独立生存。弘扬劳动精神教育既是人类劳动的应然之需，又是时代发展的必然之选。

弘扬劳动精神是我们社会主义社会向来崇尚劳动、尊重劳动者的内在要求。劳动创造价值，作为创造的主体——劳动者，也是价值的创造者。劳动的地位体现着社会主义与资本主义的根本区别。每年"五一"国际劳动节，我们都会举行隆重的纪念和表彰活动，表达社会对广大劳动者的诚挚敬意和深切关怀。这些活动之所以有强大的生命力和影响力，就是因为它们充分展示了劳动的美丽以及中国特色社会主义的本质内涵。

二、劳动精神教育

（一）劳动精神教育的含义

教育是指教育者有计划、有组织地对受教育者的心智发展进行教化和培育。教育是一个教书育人的过程，是一种通过思维的传授使人逐渐拥有理性的认知和成熟的心智的过程，是一个提高人综合素质的实践活动。

大学生劳动精神教育的含义是指在习近平新时代中国特色社会主义思想的指引下，以培养大学生勤俭节约的劳动作风、艰苦奋斗的劳动品德、善于创新的劳动习惯、甘于奉献的劳动情怀为主要内容，以促进大学生德智体美劳全面发展为根本任务的教育活动。

（二）劳动精神教育与劳动教育的关系

劳动教育主要包含了劳动观念树立、劳动精神教育、劳动习惯养成、劳动技能传授等内容，是思想认识和行为实践并举的教育活动。劳动教育的核心就是培养学生的劳动精神。劳动精神教育作为劳动教育的重要内容之一，是在劳动观念树立、劳动习惯养成、劳动技能传授的基础上，对受教育者进行的思想品质和劳动意志力的一种升华。

劳动精神体现了劳动者在劳动中的积极态度和人格气质，是时代精神与民族精神的高度凝练，是劳动教育的价值目标。劳动精神教育是劳动教育的意识启蒙和关键环节。

1.劳动精神教育是劳动教育的意识启蒙

劳动作为人的基本活动，其主体是"人"，客体是"物"，媒介是"劳动工具"。换句话说，劳动是人借助劳动工具作用于物的一种活动。人们要想认识和改造世界，就要借助劳动。也就是说，劳动能帮助人们产生自我主体意识，让人们意识到，人是可以借助工具通过劳动来认识世界和改造世界的，进而帮助人们积累和组织社会关系，实现人类的社会性。劳动精神教育直接培养受教育者的劳动精神，让人的感性意识得以启蒙，因此劳动精神教育也是劳动教育的意识启蒙。通过劳动精神教育，受教育者可以清楚认识到，教育不只是知识和技能的累加，还是一种人性的彰显，一个认识自己的有限性和开发自己的无限性的过程。

马克思主义哲学告诉我们：社会存在决定社会意识，社会意识对社会存在有能动作用。属于社会意识范畴的劳动精神来源于劳动者的劳动实践，随着经济基础的发展而发展。劳动实践会形成劳动意识，积极的劳动意识能助推社会发展，消极的劳动意识则会阻碍社会发展。劳动精神教育就是要对劳动者在劳动过程中产生的正向意识、积极意识进行强化和引导。如果不对其加以强化和引导，那么劳动者在劳动过程并不一定会产生我们所期待的劳动精神，因为难免有人因为体会过劳动的艰辛后，会产生拈轻怕重、怕苦怕累等错误意识或"无利不起早""科学家体面、清洁工丢脸"的错误认识。大学生正处于三观建立的关键时期，因此必须要对大学生开展劳动精神教育，让劳动精神成为每个大学生的基本品质和精神财富。只有这样，大学生才会带着"勤俭、奋斗、创新、奉献"之精神走向社会各个劳动岗位，从而促使全社会形成辛勤劳动、诚实劳动、创造性劳动的风尚。

2.劳动精神教育是劳动教育的关键环节

德育育心，智育育脑，体育育身，美育育品，劳育育魂。劳动教育是一项"育魂工程"，而劳动精神正是一个劳动者精气神的直接体现，劳动精神教育必然是劳动教育的关键环节。劳动精神教育告诉人们，劳动教育不仅仅是传授大学生技能和知识，更重要的是对大学生的气质、品格和素质的综合培养。有了这种综合品质作底蕴，大学生才有可能懂得"自己动手，丰衣足食"，才有可能懂得将心比心地尊重每一个劳动者，进而懂得"劳动不分贵贱"。因此，劳动精神的树立是人迈开独立脚步的关键一步。

（三）新时代大学生劳动精神教育的目标

给大学生开展什么样的劳动精神教育，是回答"培养什么人"这一问题的关键。为了避免大学生劳动精神教育面临"指向不明"或"无所适从"等问题，为了结束劳动精神教育的这种空白和低谷状态，我们必须要首先明确劳动精神教育的目标、原则和内容，这是开展劳动精神教育的基础工作。

结合新时代大学生的思想特点，可以从认知目标、情感目标、行为目标三个领域来理解新时代劳动精神教育的目标。

1.认知目标：劳动是财富的源泉，也是幸福的源泉

（1）正确认识劳动的目的和劳动的意义

一些大学生参与劳动主要是为了赚钱或获得奖励，这是其劳动目的出现偏差所产生的结果。因此，要想让大学生形成正确的劳动认知，就必须要让其清

楚人们到底是为了什么而劳动。劳动不仅仅是一个人作为生物生存于世的谋生手段，更是一个人认识自我、完善自我的根本途径。只有通过不断劳动，大学生才能发现自己的优点和缺点，从而正确认识自己；只有通过不断劳动，大学生才能磨砺意志力、练就具体本领，从而完善自己。只有使大学生正确认识劳动的目的和意义，才能避免劳动精神教育走向功利化、工具化。

（2）正确认识劳动的分工及价值

笔者在调研中发现，还有一部分大学生深受"劳心者治人，劳力者治于人"的传统观念的影响，对"体力劳动"和"脑力劳动"的认识有偏见，尤其是在体验了劳动的艰辛之后产生了以后更加不愿意从事体力劳动的想法。马克思主义劳动观认为，劳动只有分工，没有贵贱之分。没有农民的辛勤劳作，怎么养活日日吃饭的人民？没有科学家的刻苦钻研，怎么使得粮食产量得到提高？因此，培养大学生对劳动分工的正确认识，应该作为劳动精神教育的认知目标之一。

2.情感目标：热爱劳动、崇尚劳动、尊重劳动、劳动光荣

劳动精神教育的最终目标是要让大学生对劳动的正确认知外化为自己具体的劳动行为，而这个外化的桥梁就是正确的价值情感。

一是让全社会人民尊重劳动、崇尚劳动、热爱劳动。尊重劳动是对劳动的理性认识，能自觉地把劳动当作人类的本质活动，能自觉地尊重劳动人民、尊重劳动成果、尊重劳动行为。尊重劳动是让劳动体面、让劳动者有尊严的基本前提。劳动者只有在劳动实践中得到社会认同时，才会认为自己的劳动是有价值的，这会激发劳动者投身劳动的自觉性，从而创造更多价值。

崇尚劳动是指对劳动的态度把握，能认识到劳动价值有大小不同，但劳动分工并无贵贱，不要轻视、蔑视、鄙视基层劳动者和基础劳动。只有人们崇尚劳动，才能营造浓厚的崇尚劳模、学习劳模、争当劳模的社会氛围，才能促进大学生自我觉醒，为他们在各行各业成为普通劳动者中的"佼佼者"打下良好的基础。

热爱劳动是指对劳动积极的情感。正是热爱劳动的华夏子孙，创造了五千多年的华夏文明，在"两个一百年"历史交汇期的今天，更加要求新时代大学生秉持热爱劳动的态度，发自内心地积极参加劳动实践，珍惜劳动成果，积极投身社会主义现代化的建设中。

二是让"劳动最光荣、劳动最崇高、劳动最伟大、劳动最美丽"蔚然成风。2018 年 4 月 30 日，习近平总书记在给中国劳动关系学院劳模本科班学员的回信中强调的"劳动最光荣、劳动最崇高、劳动最伟大、劳动最美丽"理念，昭示着劳动精神教育的价值指向。

劳动最光荣——当劳动者的劳动价值得到认同时，他们油然而生的自豪、欣慰等积极体会将激发他们更大的劳动热情，唯有这样的价值观念深入人心，人们才会自觉同"好逸恶劳""贪图安逸""利己主义""不劳而获""投机取巧"等错误思想观念彻底割裂，劳动精神才能起到凝心聚力、激励奋进、价值引领等作用。

劳动最崇高——中华民族千百年来都崇尚"天道酬勤"的理念，始终将劳动实践作为安身立命之本、国家社稷之基。加强劳动精神教育，既是新时代的呼唤，又是我国优秀传统文化的回归。

劳动最伟大——新时代劳动精神应该作为"进行伟大斗争、建设伟大工程、推进伟大事业、实现伟大梦想"全过程的强大精神支撑。进行伟大斗争不可能一帆风顺，必须依靠劳动和劳动人民投身改革创新，破除顽固障碍，通过调整生产关系激发社会活力。建设伟大工程离不开辛勤的劳动人民，必须始终弘扬劳动精神，与劳动人民建立起深厚的感情，深入群众、发动群众、组织群众、带领群众，发扬艰苦奋斗之风，做出经得起历史和人民检验的实绩。实现中华民族伟大复兴的中国梦，也需要强大的劳动精神做保障，增强解放思想、善于创新的精神动力，绑紧自强不息、团结一心的精神纽带。

劳动最美丽——劳动人民是历史的创造者和见证者，是这个时代最美丽的人。劳动人民是全面建成小康社会、全面建成社会主义现代化强国的中坚力量，也是劳动精神的创造者、践行者、继承者、发扬者，劳动人民决定着党和国家的前途和命运，蕴藏着无尽的智慧力量。因此，我们要把新时代劳动精神教育的着力点落在实现好、维护好、发展好最广大劳动者根本利益上，自觉同不尊重、看不起劳动人民，不保障劳动人民生产生活条件等错误行为作斗争。

3.行为目标：辛勤劳动、诚实劳动、创造性劳动

教育发展的根本途径就是教育与生产劳动相结合，这充分体现了劳动实践在教育中的重要性。辛勤劳动、诚实劳动、创造性劳动是实现人生梦想的根本途径，符合人的精神性存在的观点，体现了劳动的自然属性；也是共筑中国梦的具体行动，是劳动精神折射出的行为范式，符合人的社会性存在的观点，彰显了劳动的社会属性。

辛勤劳动——在劳动实践中脚踏实地、敬业勤勉、艰苦奋斗。2012年，习近平总书记在参观《复兴之路》展览时说过："空谈误国，实干兴邦。"实干

首先就要脚踏实地地劳动。业精于勤，荒于嬉。中国人的勤奋是被世人所称道的，这是中国人的骨子里传承下来的宝贵品质和精神力量。在新时代，改善民生需要辛勤劳动，科技创新需要辛勤劳动，共建"一带一路"需要辛勤劳动，疫情防控也需要辛勤劳动。新时代大学生要勤勉奋斗、脚踏实地，为全面建设社会主义现代化国家贡献力量。

诚实劳动——在劳动实践中实事求是、遵纪守法、恪尽职守。劳动固然重要，但投机倒把的、非法的、欺诈性的劳动是我们不能容忍的，诚实劳动才是我们所倡导的。消极的劳动不但不会创造正面价值，反而会有违社会公序良俗，阻碍社会健康发展，损害人民合法权益。因此，必须在劳动精神教育中加强大学生的诚信教育和法治教育，让他们知道什么行为是不合法的。

创造性劳动——在劳动实践中开天辟地、探索创新、敢闯敢试。创造性劳动是脑力劳动和体力劳动的集中体现，也是劳动的核心要求。从石器时代的猿人举起第一块石头开始，到刀耕火种的工具创造，再到今天由科学技术创造的前所未有的奇迹，都是创造性劳动的缩影。人类劳动从创新中开始，也在创新中发展。在大众创业、万众创新的时代，大学生敢闯、敢拼的创业精神也是劳动精神的体现。因此，培养大学生的创造性思维和能力，是劳动精神教育的关键所在，直接影响着社会主义现代化建设事业。

劳动的过程是艰辛的。我们要教育学生，不能因为自己的付出和回报未成正比，就放弃辛勤劳动、诚实劳动、创造性劳动。我们的劳动价值和劳动成果不能片面地用"眼前得到了什么"去衡量，而是要从事业发展、社会进步、民族振兴、国家强盛和人民富裕等方面整体认识。

第二节　新时代劳模精神

劳模精神感动、引导、激励着千千万万普通劳动者坚守信念、立足岗位、开拓创新、建功立业。深入考察劳模精神的丰富内涵，清晰阐释劳模精神的内在逻辑，准确判断劳模和劳模精神研究的学术方位，对于解读劳模本质、探究劳模品格、宣传劳模价值和弘扬践行劳模精神，具有重要的理论价值和重大的实践意义。

一、新时代劳模精神的内涵

（一）爱岗敬业、争创一流

爱岗敬业、争创一流作为劳模精神的本质特征，不仅是职业道德的要求，还是劳动模范的奋斗目标。爱岗敬业是指劳动者不管从事何种职业，都要具有强烈的责任感、干一行爱一行的工作态度和过硬的业务技术。争创一流是劳动者追求卓越、积极进取的价值追求，是劳动者崇高的精神境界。争创一流要求劳动者在工作中要有积极进取的心态、明确的工作目标和开阔的工作视野。劳动模范用实际行动诠释了对本职工作的敬重与热爱，彰显了勤勤恳恳、尽职尽责、精益求精的高尚职业道德和职业操守，为广大劳动群众树立了榜样。只要我们时刻保持对工作的热爱，勤勉做事，即使再平凡的岗位也能创造出不平凡的成就。爱岗敬业、争创一流就要做到热爱和敬重自己的工作岗位。当前，受市场经济浪潮的影响，假冒伪劣、欺诈行为时有发生，这是因为部分企业、工作者缺乏爱岗敬业的职业道德和坚定的理想信念。让劳动者保持对本职岗位的热爱和敬重，培育其爱岗敬业的精神既是社会的需要，也是劳动者提升自身道德的需要。这就要求全体劳动者立足本职岗位，不断进取和开拓创新，争创一流工作业绩、展示一流工作作风。因此，我们每个人都应该不断完善自己的职业目标，并在工作岗位和实际生活中自觉践行新时代劳模精神。

（二）艰苦奋斗、勇于创新

艰苦奋斗既是中国共产党在革命战争年代克服困难、战胜强敌的制胜法宝，又是新时代的强大精神动力。我们提倡艰苦奋斗不是意味着要回到过去那种生活方式，而是在现代社会发展的基础上，努力克服物质上和精神上的困难。就精神层面而言，党员干部和广大劳动模范要保持谦虚谨慎、不骄不躁的工作作风，坚决反对享乐主义、官僚主义、奢靡之风，自觉践行劳模精神，为实现中华民族伟大复兴的中国梦接续奋斗。伟大的成就来自艰苦奋斗，在新时代我们要继续发扬艰苦奋斗精神，为我国经济发展凝聚精神动能。

勇于创新是指敢于接受新事物，敢于突破常规、尝试新方法和新思路，敢于创新创造。创新是民族进步、国家兴旺发达的不竭动力。党的十九届五中全会提出："坚持创新驱动发展，全面塑造发展新优势"，强调了创新是建设科技强国、推动高质量发展的必然选择，创新驱动引领时代的发展，推动经济社会可持续发展。大数据、生物医药、人工智能、新一代互联网技术的发展，尤其是 5G 时代的到来，都体现着创新的重要性。

（三）淡泊名利、甘于奉献

淡泊名利是中华民族的传统美德，是做人的崇高境界。淡泊名利不是力不能及的无奈，也不是心满意足的自赏，更非碌碌无为的哀叹，而是以超脱世俗、豁达客观的态度看待一切。劳模的业绩与其淡泊名利的崇高精神密不可分，许多劳模几年、十几年，甚至几十年如一日，像螺丝钉一样把自己"拧"在平凡的工作岗位上，默默耕耘、奋斗不息，并且能做到清心寡欲、淡泊名利，脚踏实地地实现自己的人生理想和生命价值，成为全社会尊敬的先进人物。

甘于奉献是一种美德，更是一种力量。奉献的强大之处在于它能够促使人们去学习道德规范与道德准则，通过反思自身行为，把道德准则运用到实践中，并进一步把这种奉献的品质传递给他人。

面对突如其来的新冠肺炎疫情，广大劳动模范冲锋在前、逆行出征，广大科技工作者充分展现了拼搏奉献的优良作风，疫情防控前线的志愿者们和医护人员等生动诠释了新时代劳模精神，他们是当之无愧的时代榜样和新时代的最美奋斗者。

二、弘扬新时代劳模精神的意义

（一）营造和引领劳动光荣的社会风尚

新时代劳模精神具有丰富鲜活的时代特征。弘扬新时代劳模精神，能够带动全社会形成尊重劳动的良好社会氛围，让尊重劳动、劳动光荣蔚然成风。辛勤的劳动创造不仅能够创造社会财富，也能够创造人世间的幸福。热爱劳动和尊重劳动是我们中华民族的优良传统美德，既与中国特色社会主义核心价值观相契合，也凸显了我国新时代劳动教育的价值取向。以劳模为榜样，发挥劳模示范引领作用，弘扬劳模身上的优秀品质和伟大精神，充分激发我国广大人民群众劳动创造的积极性，使其提高自身精神追求，有助于在全社会树立劳动最光荣、最伟大、最崇高、最美丽的劳动价值观，让积极劳动和创新创造成为时代发展的主旋律。营造热爱劳动和尊重劳动的良好社会风气，传递积极向上的正能量，为社会主义精神文明建设汇聚力量。尊重并鼓励一切对社会文明发展起推动作用的劳动创造，鼓励劳动群众进行创新，宣扬优秀劳动模范的先进事迹，引导广大人民群众崇尚劳动，让劳动最伟大和劳动最光荣的理念深深地植入群众心中，是时代发展的最强音。培育新时代劳模精神，有助于弘扬诚实劳动的劳动理念，培植劳动是神圣且光荣的劳动价值观，让崇尚劳动成为社会风尚，为实现劳动人民对未来美好生活的向往添砖加瓦，为实现中华民族伟大复兴而努力奋斗。

（二）彰显民族精神与时代精神的价值

劳模精神是鼓舞全国各族人民勇毅前行的强大精神动力。民族精神是在长期的社会历史发展过程中形成的，是一个民族的精神信仰，是支撑民族生存和发展的重要力量。劳模精神是伟大民族精神的重要组成部分。弘扬新时代劳模精神，有助于彰显和升华民族精神的时代价值，坚定民族信仰和民族自信心。弘扬新时代劳模精神是对伟大中华民族精神的集中凝练和表达。劳模精神为民族精神提供了鲜活的精神资源，推动民族精神不断创新和发展。劳模精神集中体现了劳动模范们的先进意识和创新创造能力，紧扣时代发展的主旋律。

（三）增强对人民群众的榜样示范作用

2020 年 11 月 24 日，习近平总书记在全国劳动模范和先进工作者表彰大会上强调："光荣属于劳动者，幸福属于劳动者。社会主义是干出来的，新时代是奋斗出来的。"人民群众是社会历史的创造者，劳动是人民群众创造美好生活的重要手段。要想实现中国梦这个宏伟目标，就必须依靠劳动创造。"功崇惟志、业广惟勤"告诉我们功高由于有志，业大在于勤劳，只有脚踏实地进行劳动才能赢得最后的胜利。但当前，受经济全球化的影响，多元文化思想给我国社会主流价值观带来了挑战。部分人对劳动的认识开始偏离轨道，轻视体力劳动、妄想一夜暴富和享乐奢靡之风开始在我国蔓延，这对人民群众对于劳动致富观点的认知产生了消极影响。而弘扬新时代劳模精神体现了人民群众对于构建和谐劳动关系的现实需求，能够引导人民群众树立正确的劳动观。弘扬新时代劳模精神，不仅能够促进人民群众对勤于劳作、敢于担当、忠于奉献的劳动观念的理性认同，又能利用劳动光荣、劳动神圣的价值观念扭转当前社会中急功近利、投机取巧的浮躁之风。立足新发展阶段，建设高素质劳动者大军，更需要劳模精神发挥激励、能动作用。大力弘扬劳模精神，有助于劳动者形成崇高的劳动追求和劳动伟大的劳动信仰。劳动模范作为人民群众的优秀代表，也要积极发挥其示范引领作用，用自身先进事迹调动和激发人民群众的劳动创造热情，帮其树立辛勤劳动的理念，为应变局、育新机、开新局、谋复兴贡献力量。

（四）培养担当民族复兴大任时代新人的需要

新时代的发展需要伟大精神的支撑，伟大的精神助推着中华民族的发展。当前，我国的发展迈进了新的台阶，更需要培养一支高素质的人才队伍，在全社会营造尊重人才、尊重创造活动的氛围，大力弘扬当代劳模精神，激发广大工作者积极向劳模学习，以推动全社会向前发展，进而形成奋勇拼搏、崇尚劳动、积极进取的社会风尚。自古以来，劳动人民始终是维系社会发展、维持社会稳定的重要力量。新形势下，要想弘扬劳模精神，在全社会形成尊重劳动、尊重发展的风气，就要注重对时代新人的培养。时代新人是未来社会发展的重要力量，代表着民族的未来，他们的劳动观往往代表着未来社会发展的劳动观，让时代新人树立正确的劳动观念，激发他们的创造才能，在青年一代中树立良好的精神风尚，才能够慢慢在全社会形成良好的风气。这不但有利于时代新人身心的健康发展，还能为我们实现中国梦奠定坚实的现实基础。

第三节　新时代工匠精神

当前，中国正面临着从传统制造业大国向制造业强国、从人力资源大国向人力资源强国的转型升级。在这个过程中，我们迫切需要有更多高技能人才为国家的建设发展贡献力量。特别是在"中国制造2025"国家战略的提出及深入实施的背景下，弘扬工匠精神已成为新时代的要求和呼唤。

一、工匠精神的内涵

物质运动的相对性和绝对性决定了我们在看待事物时要将其历史阶段性和发展变化性有机结合起来，因此在现阶段重新审视工匠精神的内涵时，也要合理地将其含有的历史时代属性和现实时代属性结合起来。工匠是工匠精神的主体，要挖掘工匠精神的价值就要明确工匠的内涵，否则将无法准确地把握其背后的精神内核，无法真正认识到工匠精神之根源所在，以及其培育的必要性。同时，伴随着时代的发展变化，不仅工匠的内涵和外延发生了变化，其承载的责任和义务也在发生着深刻的变化，而工匠职责的变化直接引起其精神内涵和价值的变化。因此，要研究工匠精神的当代价值首先必须明确其主体的含义以及其精神内核在新时期发展的必然要求。

古代"工匠"俗称手艺人，指熟练掌握一门技艺并赖以谋生的人。比如，瓦匠、木匠、钟表匠等，技艺精湛的鲁班就是中国古代工匠杰出的代表。随着生产力的发展，发生了第一次工业革命，社会化大生产形式出现，工匠的内涵也发生了变化，即在生产、服务一线具体操作或依靠自身技能提供服务的人。

大致而言，"工匠精神"可以从"现实层"和"超越层"两方面来理解。"现实层"主要是指"工匠精神"实存性的本位状态和事实（本来的意义）。这个实存性的本位状态也就是现象学所指的"事物本身"——工匠本位。也就是说，"工匠精神"首先是一种工匠本位的精神，而不是其他的精神。这种精神的本位是内在于工匠的性质、领域或世界之中的。当然也指工匠的精神世界，也就是工匠所思所想的精神，往往是以"手作"的方式、工作态度、人生追求、器物世界等传达出来的，不是靠语言文字等形式传达的。这种精神，显然不同于科学理论研究的概念、范畴命题的方式，也不同于纯艺术的线条、色彩、乐音、诗句、文采、意境等方式。而"工匠精神"的"超越层"是指"工匠精神"已从其本位性的实体工匠创造活动延展至具有普遍性的方法论意义的层面。这个超越性层面已经不再落实到具体的工匠活动领域，而是一种人生价值信仰、一种生存方式、一种工作态度。

本文所要讨论的工匠精神也是兼具"本位性"和"超越性"的群体性、集合性的概念，它不限定在某一特定群体和领域，更不是各种技术的概念集合，它是一种更高层次的，更具有传播性和继承性的精神理念，应成为国民精神的内核。

（一）独具匠"新"，勇于探索

《考工记》记述："知者创物，巧者述之守之，世谓之工。百工之事，皆圣人之作也。"

创物的百工被誉为圣人，充分体现了人们对工匠在器具制造中融入的非凡智慧的崇拜，这种造物之智的核心便是创新，而创新对于当代的工匠来说就是最核心的精神。工匠的创造之旅可以用"有形之行"来概括，对于工匠而言，造物就是将自己的技艺、思考、情感等进行物化的过程，没有过硬的技术不足以成就精品，没有创新的精神不足以追求完美，创新对于工匠而言就是一种不断挑战自我、挑战权威的过程。在这个过程中，他们需要拥有勇于探索的决心和勇气，不断累积自己的经验，打磨自己的技艺，磨炼自己的心性，这样才能在不断总结和顿悟中实现改良、改革和创造。唯有变才是不变的唯一真理，只有变才能新，只有新才能久，工匠们显然深谙此理，所以他们不断地求新求变。

古代工匠的大胆求索，力求创新的勇气和毅力，为世人留下了一件又一件的传世珍宝，谱写了中华文明的不朽篇章。当代工匠更应该具备这样的勇气和魄力。纵观人类发展历史，创新始终是推动一个国家、一个民族向前发展的重要力量。作为一名当代工匠，其不仅肩负着个人的荣辱，更担负着国家的兴衰，这就要求当代工匠要时刻保持着创新思维，时刻准备着抓住灵感以求达到思维的突破，实现创新的目的。

（二）乐以忘忧，敬畏入魂

对于任何一个人来说，喜恶都是最本能的情感，做自己喜爱的事情更容易激发自己的潜力，也更容易成就一番事业；做自己厌恶的事情则容易滋生负面情绪，不易实现自己的抱负，这是人之常情。但对于工匠而言，他的理性会占据上风，他会努力驱逐感性对自身的负面影响。从事自己所钟爱的事业自然是好的，这样能让自己全身心投入，并乐此不疲，但是现实的生活并不是按照个人意志所支配的，并不总能令人满意。不过，这却有利于彰显一种真正的工匠气质：一名真正的工匠是具有极高的情商的，他会努力发现生活中的美，即便在枯燥乏味的工作之中也能汲取乐趣，让自己充满激情忘却烦恼，也正是这样一种积极的心态使他们更易实现创新，成就自身。

乐以忘忧，表面上看是工匠的性格使然，但往内里挖掘，其中隐藏的其实是工匠的敬业精神，因为敬业所以爱业，因为爱业才会更敬业。一名真正的工匠必然是爱业之人，其敬业之情必是更为深刻的，敬业之情是激情退却后的顿悟和沉淀，是一种更为持久和坚韧的情感，它是促使工匠一丝不苟、精益求精的原始动力，对工匠有着内在的约束力和监督作用。对于当代工匠而言，敬业比爱业更重要，敬业精神可以说是当代工匠精神中的基础，有所敬才能有所为、有所止，才能做到脚踏实地、勇于奉献，进而实现自己的个人价值和社会价值。

（三）以质为保，精益求精

工匠的首要职责是造物，造物过程是工匠本质力量对象化的过程，而产品的质量就是工匠自身的职业素质和技术水平的体现。产品一分的瑕疵反映的是产品制造者十分的粗心、百分的懈怠、万分的不严谨、绝对的不专业。所以，产品的质量绝对不容忽视。

对于产品的质量，我们姑且可以用一定的量化标准来衡量，但产品的品质却是一种无形的存在，很难用具体的标准来度量。正因如此，工匠对于产品的"质"才会有一种近乎偏执的坚持。这种精益求精的执着，不仅是工匠对产品质量的严格把控，更是对自身技术水平的卓越追求。

在这个物质膨胀的年代，当代工匠所要追求的不是量化的比拼而是品质的提升。价廉已经不能满足人民群众的需要，物美对于大众的吸引力反而更大，所有的产品没有最优只有更优，质量的比拼是一场硬仗。对于企业来说，只有锐意进取，坚持一流的产品质量，才能走得更远、更久、更稳。对于现代人来说，产品不只包括商品，还包括服务、思想、知识等，它们都需要工匠以严谨的态度精雕细琢，最后以最佳的形态传递给大众。

（四）心如磐石，十年一剑

对于一个工匠而言，创新绝不是心血来潮和灵光一现。创造的过程实质上是一种累进式的过程，它需要工匠经验的积累、技术的磨合、反复的思考和总结。也就是说，若工匠没有足够的知识和较高的技术，是不能实现真正的创新的。一名工匠，最基本的精神就是坚持，缺少这份坚持，不足以做到对产品的精雕细琢，也不可能做到对技艺十年如一日的琢磨，更无法获得其中的满足感。

现代社会追求的快速发展，崇尚的快文化，与工匠精神是有所冲突的。真正的品质不是一蹴而就的，真正的完美也不是一夕促成的。所以，一名当代的工匠一定要有坚不可摧的执念，耐得住寂寞的考验，宁花一生打磨一件精品，也不耗一时制造一件劣品，精品即便不能流芳百世但会气韵不灭，十年一剑的精气自有神韵内化其中，这是急功近利的产物绝不能显现的风华。坚持不一定成功，但不坚持肯定会失败，要想成为一名工匠就务必具备这份"咬定青山不放松"的决心和耐心，否则一切都是妄言。

（五）谦恭自省，不忘初心

技艺的进步是永无止境的，我们只能不断登上技艺的高峰，却永不可能登峰造极。对于一名合格的工匠，其技艺只是评判的基础而非全部，只有超群的匠艺而没有出色的匠心，也是难以成为殿堂级大师的。

谦虚对于一个匠人来说，不只是一种性格更是一种品质，谦虚源自对技艺的不懈追求，源自对产品的苛刻要求，更源自工匠对自己身份的自觉。谦虚是对自身的提醒，也是一种鞭策，激励自己一往无前，不断进取。人们常说："不忘初心，方得始终"，可是多数人的初心却在物欲横流和自我的膨胀中失去了，真正的谦恭具备自省的力量，能够帮助我们看清来时路，找回最初的梦想。工匠应始终保持清明通达，使自身能堂堂正正、自信满满地屹立于世，无愧于心。

二、工匠精神的当代价值

工匠精神内涵的挖掘是研究工匠精神的思想基点，工匠精神的价值探索是研究工匠精神的内在动力，工匠精神的培育实践是研究工匠精神的主要目的。深刻认识工匠精神的当代价值对于研究工匠精神有着承上启下的作用，它是通往过去的闸门，是开启未来的钥匙。彻底地认识工匠精神的当代价值不仅是对历史的尊重，对文化的传承，更是对现实的了悟，对发展的助力，对未来的自信。

工匠精神的式微是我们呼唤其回归的重要原因之一，但究其根本还在于工匠精神的内在价值，这种价值强调的不是其历史作用，而是其现实价值，特别是在我国全面深化改革和推进国家升级转型的关键时期，工匠精神的时代价值更需突出和明确，只有准确地为时代把脉，紧扣时代发展的需要，才能深刻认识工匠精神的积极作用，理解培育和弘扬工匠精神的必要性和紧迫性。

（一）工匠精神有利于社会主义建设

社会主义的本质是解放生产力，发展生产力，消灭剥削，消除两极分化，最终达到共同富裕，这是我们党和国家的建设宗旨和奋斗目标。社会主义的本质对物质发展水平有着程度上的硬性规定，这更加决定了我们不能接受精神文明的贫瘠和迟滞。

高度发达的物质文明更需要与之匹配的精神文明，只有做到物质建设和精神建设并驾齐驱，经济发展和精神建设并举，我们的社会主义社会才是优质的社会，我们的社会主义才真正做到了为人民服务。没有精神信仰、雄厚经济的国家是不堪一击的国家，唯有和谐、发达的社会主义才是真正意义上的社会主义。为了构建这样的社会主义社会，我们必须紧抓当前精神文明建设的重点和难点不放，努力完善和加强精神文明建设，使其尽快迎头赶上经济发展的步伐。

面对改革开放浪潮的冲击，我国的工匠精神逐渐"萎缩"，这种负面影响几乎波及各个领域。我们整个社会的风气和导向，将工匠精神逼到墙角，使其几乎没有立足之地。工匠和工匠精神于我们而言，不仅是技术水平的代表，更是内在品质的外化，是我们立于世界民族之林中的一张名片，这不仅是一种自我的定位，更是世界对我们的认可。特别是在我国全面深化改革的关键时期，我们迫切需要工匠精神的回归和重塑，帮助我们走出道德失范的困境，使我们的社会行为和社会成员都得到一定的约束，让每个人都有所依从、有所节制、有所敬畏、有所坚持，改变现在这种因工匠精神缺位所引发的混乱状态。我们不能只要口袋富，不要脑袋富，这样没有追求、没有理想的社会绝不是社会主义社会，工匠精神作为当前精神文明建设的重点，不仅是传统的价值核心，更是我们建设和发展社会主义社会的精神之源，因此需要时刻弘扬工匠精神，让工匠精神充分发挥出自身的影响力和创造力，以使我们的社会主义事业更上一层楼。

（二）工匠精神有利于经济的可持续发展

我国经济所走的是中国特色社会主义市场经济道路，是以社会主义为前提，以市场经济为手段的经济。它虽然具有"两只手"综合调节的特点，但主要的运行规律、运作准则、精神内涵还是以市场经济为主导的。

市场经济发展的前提是我们对市场经济的认知和把握。对市场经济的内涵认知得越深刻，就越有利于我们灵活运用市场经济手段，从而为我们创造更大的经济价值。可以说，每一种经济手段的运用都离不开对该种经济背后伦理动因的探查，无论是计划经济还是市场经济，这种背后的动力因素，不只是单纯的运作手段，更是对其内在价值的文化层面的考量，这种基于文化心态层面的把握，会使我们获得更多经济价值之外的收获。从某种程度上来说，这也是一种文化软实力的应用。

市场经济的核心精神是契约精神，契约精神的实质就是诚信，我国市场经济备受诟病的就是中国人不讲诚信，在交易当中的具体体现就是产品的质量问题，从选材用料到加工制作的每一个细节，产品的安全性能、使用寿命等方方面面似乎都不能令人放心，其中最根本的原因就是工匠精神的衰微。

所以，在经济全球化的今天，特别是在可持续发展理念成为时代主流的今天，我们强烈地呼唤工匠精神的回归，其不仅是我国市场经济健康运行的精神伦理，更是我国产业升级、经济转型，打造中国"质"造的关键。工匠精神不仅是我国经济发展中道德建设的逻辑起点，更是塑造我国经济发展优质软环境的文化牵引，因此一定要坚定不移地大力培育和弘扬工匠精神，让它真正发挥出经济建设中的牵引作用。

（三）工匠文化有利于弘扬传统文化

工匠文化是中华民族文化的主要组成部分之一，工匠文化之所以能够自成体系并在中华民族文化中占据一席之地，超越劳动层面、生活层面，进入社会层面、文化层面，其中的基础和核心就是工匠精神。工匠精神是整个工匠文化浓缩的精华，是工匠文化的精气神。

就目前的文化理论研究成果而言，"文化"有广义和狭义之分。狭义的文化特指通常意义的与政治、经济相对的"文化"，即科学、技术、艺术等。广义的文化，则指人类的一切活动所造就的现象或结果的总和，文化即人化。广义的文化既包括有形的、物质性的、实体性的"器""物"，又包括无形的、精神性的、虚拟性的"思想""道义"等，还包括以遗传密码方式传承下来的人类各种社会生活习俗、礼仪、节庆等行为方式。从广义的文化角度出发，文化既是历史的书写者，也是社会现实的见证者，在历史与现实的并行轨道上不断发展。我国的工匠文化就是以工匠为主体，在历史与现实的不断磨合和传承中逐渐形成的一种价值理念和文化思想，所以我们所指出的工匠文化其实是一种广义的文化，是一种更具有思想性，经得住历史和现实考验的文化，而其中的工匠精神作为工匠文化的核心部分，也是这样一种广义上的精神。

从工匠文化生根的土壤来看，工匠文化主要来源于两个方面，一个是生产系统，一个是生活系统。

生产系统包括工匠劳动的各个领域，以及在各个时期所进行的物质生产、精神生产和人自身的生产。它既有工匠对前人积累的继承，也有自身的加工再造，是一个由历史与现实、物质与精神，以及文化系统构造的庞大系统。

生活系统则指工匠为人们日常生活中的衣、食、住、行等各领域创造的器物文化世界。在生活系统中，工匠的职责就是造物，技术是工匠安身立命的前提，只要能造出满足人们暂时生活需要的实用工具就可以。但是，人是具有能动思维的动物，其要求不可能总停留在从无到有的基本层面上，于是在生活系统基础之上，逐渐产生了生产系统以满足人类更高的精神和文化需求。

工匠文化的塑造也从对技术的应用环节转向对实用价值的探索，效率的提升成为工匠技术突破的重点。为了刺激效率的提升，人们对此加入了人为要素，以工匠制度的形式帮助工匠技术的提升。我国的工匠制度将历史文化的记忆注入了工匠文化之中，使得工匠文化日益丰富和厚重，积累为中华民族文化的重要部分。因此，工匠打造的产品的价值是远远超出产品的物质属性的，工匠的作品不仅是工匠技术的展现、工匠心思的彰显，更是一个时代的记忆、一段历史的凝结。

所以，培育和弘扬工匠文化不仅是追溯我国民族优秀文化的重要途径，更是传承中华优秀文化基因的重要手段。工匠精神作为工匠文化的核心价值理念，是我们打开工匠文化之门的钥匙。因此，我们一定要深入研究、刻苦钻研工匠精神，这样才能深刻领悟和理解其所蕴含的当代价值。

工匠精神的历史价值是有目共睹的，自然不必赘言。当前我们聚焦工匠精神的重点是其当代价值中的核心部分，这部分价值所展现的不仅是时代的精神风貌，更是我们所急需的时代品质。只有明确工匠精神的当代价值，才能有的放矢地解决我们现在所遭受的精神之疾。

所谓国民性即国民性格，是指现代国家范围内共同居住的大多数成员在长期历史生活中所形成的普遍的、独特的和相对稳定的文化、社会心理、行为方式特征及其时代变动规律和特点的总和。国民性格是国民整体素质的反映，是国家发展程度的体现，更是国家历史文化的积淀，可以说国民的性格与国家的精神文明程度密切相关。但国民性格的培养却是一个长期而艰巨的工程，并非一朝一夕可以完成，同时还要从思想的最深层引导人民去接受和认可这种性格特征，这样才能符合大众的情感和心理，达到事半功倍的效果，否则只能引起大众的反感，无法形成广泛的认同，不能达到塑造国民性格的目的。工匠精神恰好就是符合人民需求的具有高度共识的精神，能很好地满足人民对美好生活的向往，十分契合国家新时期发展的需要，是与时俱进、求真务实的精神。此外，工匠精神还是民族文化的浓缩，是民族素养的核心组成内容。因此，工匠精神对于提高公民素质，提升国民思想道德水准，塑造和培育民族文化自信都具有关键的作用。

当代工匠精神最显著的体现是在职业道德素质方面。职业操守对于工匠来说是最基本的素质和约束，这恰恰就是我们常说的"道德的力量"。当代从业者的懒散懈怠、不思进取、以次充好、推诿责任、罔顾诚信等问题，都是职业操守的丧失和职业道德的滑坡所引发的，这些行业问题所反映的更深层次的问题就是国民道德水平的整体滑坡，整个社会舆论导向的偏颇。因此，既然工匠精神的基本内容是职业精神，那么要弘扬工匠精神，也就必须从培育职业道德开始，全面提升从业人员的道德意识和职业水平，让从业人员从基本认知上与低品质、低素质彻底划清界限，使所有从业人员的道德和思想都回归正轨。

如果我们顺着社会舆论的思想根源挖掘下去，就会发现部分从业人员职业道德缺失的根本原因就是我们精神建设的滞后以及文化上的不自信。因此,加强职业道德建设还是不能完全弥补这种国民性格上的缺陷。回顾我国的历史,我们会发现中华的文明,中国的强盛,中国被世界所熟知和尊重,首先是因为中国制品的高品质,这种赞誉根源于我国工匠们永不止步的追求和坚如磐石的坚守。所以,我国为了充分弥补这种国民性格上的缺陷,从传统文化入手,提炼出工匠精神这一思想精粹,让它以职业精神的基本面貌为基础,不断引导国民加深对工匠文化和传统优秀文化的认识,然后再逐步引导国民恢复积极向上的正面情绪和专注严谨的工作态度,最终力求国民重燃对我国文化的自信,从根本上激发出国民的那份强烈的爱国情怀。

因此,对于我国而言,工匠精神不能单纯被定义为职业精神,它是我国的文化精神,是长久以来存活在我们血脉中的国民精神,更是我们锻造国民性、治愈国民疾病、恢复文化自信的良药。

第三章 新时代大学生应具备的 基本劳动能力

劳动能力是指人进行生产和生活应该具备的能力，也是大学生生活、学习乃至走向社会必须具备的基本能力。大学生应该抓住学习机遇，不仅勤于学习，还要主动实践，培养、锻炼自己的劳动能力，努力成长为一名德智体美劳全面发展的合格人才。

第一节 日常生活劳动能力

日常生活劳动对大学生劳动能力的培养和锻炼有着不可替代的重要作用。大学生要在日常生活中养成良好的劳动习惯，随时随地把握劳动机会，从生活点滴中不断提高自身的劳动能力。

一、日常生活劳动能力的概念

日常生活劳动能力是最简单、最基本的劳动能力。日后不管个人从事何种工作，日常生活劳动能力都将成为个体必备的能力。试想一下如果连基本的自理工作都做不好，怎么能"齐家、治国、平天下"呢？

南宋理学家朱熹曾主张，蒙学阶段培养儿童洒扫、清洁等生活习惯。培养热爱劳动的态度要从小时候做起，从自己做起，从小事做起，在"自己的事情自己做"的基础上再为他人、集体服务，逐渐培养自己的责任感和社会适应能力。

日常生活劳动能力大致可分为生活习惯、生活自理、学习自理等方面的内容，如自我清洁、居室保洁、床铺整理、衣物缝补、衣服清洗、擦拭桌椅、主动学习、整理学习用具、清洗餐具等。这类劳动要求自己的事自己干，不依赖他人，养成勤劳俭朴、讲卫生的习惯，重在培养自己动手的良好习惯，从而树立自觉劳动的意识和劳动创造美的观念，为从事其他各类劳动打下基础。

劳动意识是新时代青年学生发展不可或缺的核心素养，它是一个学生全面发展、成人成才的必要条件和必然要求。一个人先要学会料理自己的生活，才能从事生产劳动。所以，学生的日常生活劳动是未来从事其他劳动的基础，是培养其劳动意识和劳动能力的必要手段和基本途径。劳动意识即爱劳动，是主动参与和承担劳动的思想观念；劳动能力即会劳动，掌握劳动的基本方法和技巧。"一勤天下无难事"，学生必须牢固树立"劳动最光荣、劳动最崇高、劳动最伟大、劳动最美丽"的观念，进一步焕发劳动热情、释放创造潜能，通过劳动创造更加美好的生活。

一个人只有付出了辛勤劳动，才能懂得珍惜劳动成果。培养学生的日常生活劳动意识有利于培养其尊重他人劳动成果的习惯。

劳动习惯的形成过程也是意志力形成的过程。例如，每天早晨起来自己叠被子并打扫卧室，没有较强的意志力是不容易形成这种良好习惯的。这些劳动不仅能锻炼学生的动手能力，还可以帮助学生养成良好的意志品质。

提升日常生活劳动能力是提高自身生存能力、竞争能力和自我发展能力的基础。一味地依赖别人，把自己的命运寄托在他人身上，事事靠别人指点的人，不会有什么大的作为。而且，生活不能自理，事事由别人代劳，也是懒惰与无能的表现。虽然随着年龄的增长，学生的生活自理能力会有所提高，但是自理能力不是完全自发产生的，需要有意识地加以培养。

一是从情感上尊重劳动者。热爱劳动是中华民族的传统美德，我们要继承和发扬这一美德，从情感上尊重每一位劳动者，如保姆、快递员、保安、清洁工等，虽然他们都是普通的劳动者，但是他们是在用自己的双手为社会创造财富，为我们每一个人的生存与发展创造适宜的条件，他们是值得我们尊重的人。

二是从行动上肯动手。在日常生活劳动中，要多学多做，不能事事由家人代办，摒弃"只要学习成绩好就行"的错误观点。要改变自己对劳动的错误态度，从生活的小事入手，从一些力所能及的事入手，最终养成"自己的事情自己做"的良好习惯。

三是从提高上讲渐进。在老师和家长的帮助下制订科学的日常生活劳动计划，根据自身实际情况提出不同时期的日常生活劳动要求，逐渐提高自己能够独立完成日常生活劳动的能力。

四是从行为上勤训练。要培养日常生活劳动技能就需要有一项劳动任务，如铺床、做饭、洗衣物等，让自己反复训练，循序渐进。也可以通过多参与社会实践，锻炼、提高日常生活劳动能力。

五是从生活中巧学习。要主动学习正确的生活自理方法。一方面在学校向老师、同学学习一些关于日常生活劳动的方法；另一方面在家里要主动跟家长学习一些关于日常生活劳动的方法。

同时，遇到日常生活劳动方面的问题，要学会自己想办法解决，锻炼自己处理事务和应对突发情况的能力；要学会向师长求助、与同学交流，锻炼人际交往能力。

二、日常生活劳动的作用

劳动可以立德、增智、强体、育美，对大学生的智力、身心等各方面的和谐发展都有独特的作用。日常生活劳动能力还是大学生自我发展的重要内容。

（一）提升独立生活能力

日常生活劳动无处不在，时刻存在于大学生的学习、生活中。在这个过程中，大学生应通过细心观察，思考如何把事做好，在动手实践中不断积累劳动技巧和生活经验。长期坚持日常生活劳动，能让大学生在实践中不断完善自己的行为。日常生活劳动是一个需要大学生手、眼、脑全面配合的过程。在这个过程中，大学生可以逐渐学会独立解决问题，不断体验成功，实现自我价值，客观判断自己的能力，约束自己的行为，深度感知和认识世界，从而提升独立生活能力。

（二）提高自强自立能力

日常生活劳动能磨炼意志，使大学生勇于克服困难，执着、坚韧，学会主动承担责任、履行义务。有过劳动体验的人更能了解劳动的艰辛，更懂得珍惜劳动成果，遇事更能替他人着想，更容易养成勤俭、节约、朴实、善良、有爱心、爱护公物等良好习惯。可以说，日常生活劳动教育是一种使人拥有幸福生活能力的最基本的教育，大学生有意识地主动进行必要的日常生活劳动，就会使自己得到更多锻炼，更有担当，更有能力去面对未来生活。

三、日常生活劳动的内容

随着高校后勤管理工作的日益加强，高校能为学生提供越来越细致的服务，大学生日常生活劳动渐少已成为普遍现象。就餐后，碗筷不用清洗；教室、校园有保洁人员打扫；衣服也可以拿到洗衣店清洗；集体劳动基本上销声匿迹；日常生活劳动也只剩下洗洗小件衣物及简单清扫宿舍。一个缺乏生活自理能力的人，或是劳动技能匮乏的人，在社会中终究是寸步难行的。因此，大学生要认识到劳动的重要价值，增强劳动意识，严格要求自己，主动在日常学习、生活中参与力所能及的劳动，以掌握独立生存、生活的能力，养成良好的日常生活劳动习惯。

（一）个人生活事务

1.个人卫生及仪表

注意个人卫生，保持良好的卫生习惯。头、面、手、足等常清洁，仪容仪表整洁，修饰适度；及时更换、清洗衣物，保持衣着干净、得体；提升自身审美能力，修饰得当，简约端庄，塑造青春、有朝气的个人形象。

2.物品归纳整理

勤于个人内务整理，养成良好的整理收纳习惯。及时收纳、整理个人生活学习用品，整理床铺、书桌、衣柜等个人空间，分类收存、保持清洁。学习收纳与整理技巧，提升物品管理能力，保持个人空间整洁。

3.生活技能与技巧

掌握与衣、食、住、行相关的基本生活技能，学习烹饪、缝补、打扫、维修、购物等劳动技能，能独立料理个人日常生活。主动接受汽车驾驶、智能家电使用、电子产品维护、网络物流查询等现代生活技能训练，掌握现代生活必备的劳动能力。

4.个人健康管理

保持自律，养成健康的生活习惯。勤于劳动、热爱劳动，脑力运动、体力运动相结合，劳逸结合；健康饮食，作息规律，掌握简单医药常识，善于管理个人健康。

（二）现代生活劳动

随着社会经济的发展，劳动的内容也在不断变化。大学生不仅要学习传统的劳动项目，提升基本的劳动能力，还要与时俱进，不断学习新技能，掌握新技术，具备符合时代发展需要的劳动能力，如设计装修、车辆维修保养等。诸多新劳动技能中，较为常见且需要掌握的技能如下。

1.设计与装修房间

随着生活质量的提高，居民住房条件不断得到改善，人们对居住环境的要求和设计品位也提升到前所未有的高度。可以说，了解房间设计与装修的基本常识是现代人必备的生活技能之一。房间设计与装修的流程和劳动内容主要有以下内容。

先进行前期设计，确定施工时间及工期，根据自己的生活习惯设计装修方案，详细测量房屋的贴砖面积、墙面漆面积、壁纸面积、地板面积等，明确摆放家具位置的尺寸。然后拆除轻体墙、非承重墙等，及时清理拆除的建筑垃圾及废旧物料，要注意主体墙和承重墙是不允许拆除的。接下来，开展隐蔽工程施工，包括门窗安装、水电路改造等基础工程。实施泥瓦工和木工工程，如墙面隐蔽基础抹平、基础拉毛处理、砌砖等。开展木饰面、门窗套、护墙板、厨具、玄关、浴霸等安装工程。然后进行墙漆刷涂、壁纸粘贴、软装饰制作等。最后，进行入住前的清理打扫。

2.花卉养护

（1）花卉的生长条件

温度。温度是影响花卉生长发育的重要因素之一，不同种类的花卉都有其最低温度、最适宜温度和最高温度。如果超过其最低或最高温度，花卉的生长发育就会受到损害，甚至死亡。

根据花卉原产地的温度情况，可将花卉分成耐寒、半耐寒、不耐寒三大类。耐寒花卉一般能忍耐－10 ℃以下低温，有些能忍耐－20 ℃左右的低温，在我国北方大部分地区可以露地越冬。例如，三色堇、金鱼草、蜀葵、榆叶梅、紫藤、侧柏等。半耐寒花卉一般能忍耐－5 ℃左右的低温，大多数在我国长江流域，能露地越冬。常见的有梅花、桂花、南天竹等。不耐寒花卉在我国华南及西南地区可露地越冬，其他地区均需入温室越冬，因此有温室花卉之称，如含笑花、栀子花等。

光照。光照是花卉生长的基本条件。没有阳光的照射，绿色植物就不能将无机物（二氧化碳和水）合成有机物，植物的光合作用也就无法完成，花卉也就无法生存。一般来说，光照充足，光合作用旺盛，形成的碳水化合物越多，花卉生长得就越健壮。一种花卉长期生活在一定光照度的环境中，对光质、光强、日照长短都产生了一定的需求，进而形成了这种花卉的生态习性。

水分。水分是花卉生存的必要条件，正确浇水是养花成功的关键。花卉的种类不同、环境气候的不同，其需水情况也有很大不同。在家庭养花中，露台的花卉可多浇水，室内的花卉可少浇水；天气炎热时需多浇水，天气凉爽时可少浇水；草本花卉需多浇水，木本花卉需少浇水，并按照干湿交替进行，即在土壤相对较干时才浇水，每次浇水要浇至盆底有水渗出为止。

土壤。土壤是花卉栽培的基本条件。盆栽花卉因土壤容量有限，根系活动受到限制，更要求营养物质丰富、物理性质良好的土壤，其中应富含腐殖质，松软，通透性好，能长久保持湿润状态。肥沃、疏松、干后不裂，渗透性和排水性能良好，酸度适当的土壤是最适合盆栽花卉生长的土壤。

肥料。花卉的生长发育需要碳、氢、氧、氮、磷、钾、硫、钙、镁、铁、硼、锌、铜、锰和钼等营养元素，其中碳、氢、氧来自空气中的二氧化碳和水，其余营养元素均需从土壤中吸收。盆栽花卉对氮、磷、钾三种元素的需求量大。

（2）盆栽花卉的四季管理

春季，盆栽花卉的管理包括以下方面。

供给肥水：春季是各种花卉生长发育的好季节，必须及时供应充足的肥水。针对初出室外的盆栽花卉，应多向其茎叶喷水，少浇水，盆土比在室内时稍湿润一些即可。浇水的水温以15℃左右为宜，时间以中午为好，从早春到晚春，随着气温升高和植物的生长，可逐渐增加浇水量。盆栽花卉越冬后，往往比较柔弱，宜施充分腐熟的稀薄液肥或各种类型的专用化肥。施肥量应由少到多，春季可每隔10～15天施1次，施肥后要注意浇水和松土，使盆土疏松，以利花卉根系发育。如果这时施浓肥，会对幼根的生长有害，甚至有盆栽花卉被"烧死"的危险。

出室方法：春天气温多变，常刮干燥风，寒流不时袭来。如盆栽花卉过早出室，易遭干旱风危害，其嫩芽、嫩叶常被吹焦；同时也易受到晚霜冻害，会突然大量落叶，严重时会造成整株死亡，因此不宜过早出室。出室前须先锻炼其适应能力。在出室前半月增加通风透光，白天打开窗户通风，夜间关窗，室温保持在6℃～12℃即可，不能太高。两周后，白天移出室外，夜间如温度过低，搬回室内，翌日清晨再移出，使之逐渐适应外界气温，初出室时既要防暴晒也要防寒风。

换盆翻土：早春开花的花卉，应在秋末冬初入室前翻盆换土，而其他花卉则宜在春季出室时翻盆换土。木本花卉可两三年于早春换盆翻土一次，除茶花等少数花卉可裸根换土外，其余大多数花卉要保留 1/2 至 1/3 的宿土，并适当修剪老根，促发新根。同时，换上新的肥土可减少病虫害，使花苗茁壮成长。一般花卉两三年应换盆翻土 1 次。有的花卉一年要翻盆换土 1 次。结合换盆翻土，应加施基肥培养土。换盆时宜换用比原盆规格大一些的盆。换入的培养土酸碱度应与原盆土大致相同。

合理修剪：出室后应结合换盆翻土进行一次修剪，将枯枝、细弱枝、交叉枝剪掉，过密枝疏剪，过长枝缩剪。通过修剪，不仅可使花卉枝条分布均匀、节省养分，调节株势，控制徒长，从而使花卉株形整齐，姿态优美，而且能使其多开花。大多数花卉的花朵都开在新枝上，只有不断修剪老枝，才能促发新枝、多开花、多结果。进行疏枝和短截，宜在早春树液刚开始流动，芽即将萌动时进行。修剪太早，伤口不易愈合，且发新梢时易受冻害；修剪过晚，新梢已萌发，浪费养分。

夏季，盆栽花卉的管理包括以下方面。

保湿防晒：夏季气温高，花卉枝繁叶茂，消耗水分多，每天早晚要给花卉浇足水。对一些半阴及阴性花卉，夏季切忌高温和阳光直射。要采取遮阴降温措施，或搭架苇帘遮阴，或盆土上盖一些禾草。即使是仙人掌类等耐旱性极强的植物，在气温超过 38 ℃时，仍有被灼伤的危险。杜鹃除每日浇水外，还应向其叶面及地面喷水，以保湿、降温。不过夏季多暴雨，盆土积水后，养分易流失，因此雨后应及时将花盆倾斜，倒出雨水。

忌强烈阳光暴晒的花卉有文竹、昙花等，应将其放置在阴凉处，并经常向其喷水，使其保持湿润。喜凉爽的花卉有杜鹃、仙客来、大丽花等，应及时将其放于阴凉通风之处。注意勤往地上及盆栽花卉周围洒些水，盆栽花卉可早、晚各浇水 1 次。

防病治虫：闷热的夏季，也是花卉病虫害的高发季节。因此，必须注意防止病虫害的发生和蔓延。多数花卉易患立枯型萎倒病，要及时清除病枝叶，并辅以药物进行防治。例如，月季夏季易发黑斑病及白粉病，前者用波尔多液，后者用多菌灵，每半月喷治一次即可。兰花在梅雨和高温季节易发炭疽病，除为其改善通风、透光条件外，还要在其发生病害时及时治疗。可每 10 天喷施一次波尔多液或甲基托布津，以防治叶片炭疽病。要想使花卉健康生长，应始终使其处于适宜的湿度以及良好的通风环境下。

修剪枝叶：夏季，盆栽花卉的修剪主要是进行摘心、抹芽、摘叶、疏花、疏果。对一些春播草本花卉，长到一定高度时要及时摘心，促使多分枝、多开花。对一些木本花卉，当年生枝条长到 15～20 厘米长时也需摘心，使养分集中，有利于开花、结果。夏季在一些花卉的茎基部或干上，常生出不定芽，这些芽会消耗养分，扰乱株形，应及时将其摘除。此外，发现徒长枝时，应及时剪除。在修剪时，可根据花卉形态特性和个人爱好进行整形。

扦插播种：夏季正是一些常绿花木扦插的好时机，如扦插米兰、茉莉、杜鹃、朱槿等容易成活。伏天又是进行芽接和靠接的好时机，如芽接梅花、碧桃，靠接白兰等。夏季也是一些盆栽花卉的播种时期，如三色堇在 7 月播种，可在国庆节前后开花；瓜叶菊在 7～8 月播种，可在严冬少花季节开放；大岩桐、香石竹在 8～9 月播种，翌年夏季开花；等等。

秋季，盆栽花卉的管理包括以下方面。

适时入室：在北方地区寒露节气后，大部分花卉都要被陆续搬入室内越冬，以免受寒害。入室具体时间因花而异。对于大多数花卉来说，天气刚一变冷，不要急于入室。因为过早入室会影响养分积累，不利于来年生长发育。因此在不致受寒害的前提下，入室时间稍迟为好。入室前应尽量让花卉多接受耐寒锻炼，只要天不下霜，温度不低于 10 ℃，一般在室外不会对花卉产生危害。可采取迟进晚出的方法，帮助花卉进一步提高抗寒能力，为越冬打好基础。入室前还需将没有老化的嫩枝，开过的或未开的残花蕾，彻底清除，将一些病枝剪去，以减少不必要的养分消耗，保证花卉有足够的养分抵御寒冬的侵袭。

水肥适量：入秋后水肥管理需根据不同花卉的习性区别对待。对一年开花一次的秋菊、桂花、山茶、杜鹃、蜡梅等，及时追施 2～3 次以磷肥为主的液肥，否则不仅花少而小，还会出现落蕾现象。对于一年开花多次的月季、米兰、茉莉等，应继续供给较充足的水肥，促使其不断开花。对于大多数花卉来说，北方地区过了寒露节气后，一般就不需要再施肥了，这样以利越冬。随着气温的降低，除对秋冬或早春开花的以及秋播的草本花卉，可根据每种花卉的实际需要继续正常浇水外，对其他花卉应逐渐减少浇水次数和浇水量，避免水肥过量，引起徒长，影响花芽分化和遭受冻害。

修剪整形：入秋后气温在 20 ℃左右时，大多数花卉易萌发较多嫩枝，除需要保留的部分外，其余的均应及时剪除，以减少养分消耗。对于保留的嫩枝也应及时摘心。菊花、大丽花、月季、茉莉等，秋季现蕾后待花蕾长到一定大小时，除保留顶端 1 个长势良好的大蕾外，其余侧蕾均应摘除。

防病治虫：秋季花卉病虫害的种类主要有叶斑病、黑斑病、炭疽病、枯萎病、白粉病，以及介壳虫、蚜虫、蓟马、天牛、线虫等。

冬季，盆栽花卉的管理包括以下方面。

控制肥水：应减少浇水次数。一般花卉应每周浇水一次，以盆栽花卉土层湿润为宜。浇水时间应在上午 10 时到下午 2 时之间，这个时间段的水温与土温相接近。在浇水时还应给叶面喷水，这样可以洗去叶面灰尘，使其保持清洁光亮。对观赏类花木，如君子兰、梅花、杜鹃、仙客来等，冬季适当喷水，可使其枝叶秀丽，也可促进其花苞膨大、开放。但对已开花的花卉应改喷水为浇水，以防花朵脱落。对有温室设备的盆栽花卉，要经常检查盆土是否缺水，若缺水应及时补足水分。盆栽花卉如果冬季浇水不当，往往会造成烂根或长势不旺盛。冬季进入休眠状态的花卉可以不施肥，如石榴、米兰、仙人掌、朱槿、牡丹、广东万年青等。观叶类花卉可适量施点复合肥及硫酸亚铁，如龟背竹、绣球松等。观花类花卉应适当施磷钾肥，如茶花、仙客来、蜡梅等。增施磷钾肥能提高花卉抗寒防倒的能力，使花苞硕大、花色鲜美、香气浓郁。此类花卉可沿盆壁施入颗粒状的磷酸二氢钾或过磷酸钙。

保温防寒：盆栽花卉移入室内后要根据各种花卉的特性确定放置的位置，以控制光照，保温防寒，但不要离暖气太近。冬天的光照强度不高，花卉却需要多加光照，以利光合作用，生成有机养分，从而提高植株的抗寒性。对于一些冬季开花的花卉，增加光照也有利于其枝叶繁茂，使花开得更大、更美。室内要注意通风，不仅花卉刚入室时要通风，在整个冬季，也应在晴朗天气的中午开窗通风换气，这样既可减少病虫害的发生，又有利于花卉健康生长。

通常在冬季或春季开花的花卉（如蟹爪兰、一品红、仙客来、茶花、米兰等），以及性喜光照、温暖的花卉（如茉莉、白兰、朱槿、香石竹等），应放在朝南的窗台或阳光充足处；有些夏季喜半阴而冬季喜光照的花卉（如君子兰、倒挂金钟等），也应放在阳光充足处；性喜温暖、半光照的花卉（如四季海棠、文竹、杜鹃等），可放在离窗台较远的地方；性喜阳光但能耐低温的常绿花木，或处于冬眠期的花卉（如桂花、柑橘、佛手等）可放在散光照射且阴凉处；月季、石榴、无花果等需在室外－5 ℃条件下冷冻一段时间，以促进其休眠，然后再将其移入室内。

防病治虫：冬季易发病多是真菌病害，如灰霉病、根腐病、疫病等。花卉冬季发病大多是低温、植株抗性下降引起的，所以关键要降低湿度，使植株生长健壮，以提高抗性为主，以药剂防治为辅。冬季室内盆栽花卉易发生蚜虫、白粉虱、介壳虫等虫害，应注意及时防治。

3.维修维护

（1）木凳维修

榫头断裂。假如榫头的末端裂开，必须加固它。在榫头上涂一层薄薄的胶水，然后用丝线紧紧地缠住它。如有必要，可以再涂些胶水，在榫头上多缠一层丝线。将缠有丝线的榫头干燥一天，然后用胶水将经过加固的末端牢牢地粘在榫槽中。在插入榫头时应小心，以免弄乱丝线。

凳面损坏。对于凳面出现裂缝、磕碰等问题，其修补方法很简单。先用白胶水拌木屑，在损坏的地方边填补边打磨，然后再进行表面的上色、调色、抛光，直到完全修复漆面。

（2）橱柜维修

抽屉磨损。抽屉轨道磨损较严重的可以将抽屉拉出翻面，在抽屉轨道上烫一层蜡烛油，使油液渗入木质。用同样的方法在桌柜相应的轨道上也烫上一层蜡烛油，这样就可以减少抽屉的磨损。

火灼损伤。可以先用刀片将被火烧过的木质材料除去，再用一个钢丝球擦干净，然后用补家具的胶木填好，油磨平滑，再用家具蜡磨光。

橱柜台面出现裂缝、孔洞。橱柜台面出现裂缝、孔洞的修补方法有两种：一是把旧书报剪成碎屑，加入适量的明矾与清水煮成糊状，嵌入缝内，干后很牢固；二是用白胶水拌木屑调均匀，嵌入裂缝，24 小时后用砂纸磨光即可。

（3）水龙头维修

检修水龙头。检修水龙头之前，需要关闭供水系统，避免维修时漏水。如果是按压式水龙头，需要提前准备工具，如螺丝刀、渗透润滑油、鲤鱼钳或活动扳手以及要更换的垫圈。检修时，用螺丝刀卸下水龙头把手上面或后面的小螺丝，接着拆下固定在水龙头主体上的把手；查看水龙头的部件，取下固定垫圈的螺丝，用一个相同型号的新垫圈换掉旧垫圈；将新的垫圈固定到阀芯上，把水龙头的各部件重新装好；最后安装把手，并把按钮或圆盘装回去。打开阀门，测试水龙头是否漏水。若不漏，维修完成；若漏水，继续检修。

水龙头阀座。如果换了一个新垫圈后，水龙头还漏水，可能是水龙头阀座出了问题。先准备阀座松紧扳手，把阀座松紧扳手插进阀座，向逆时针方向扳动它。把旧的阀座拆下来后，一定要换与旧的型号一致的阀座。

水龙头密封圈。如果有水从把手周围涌出来，应先检查水龙头的填密螺母是否拧紧，不要用钳子或扳手以免把螺母刮伤，减少它的使用寿命。需要准备可调扳手、水龙头密封圈、凡士林。若是螺母松了，拧紧就好；若不是，就需要更换密封圈了。水龙头的密封圈由一个或多个 O 形橡胶环组成，也可以是在填密螺母下，缠绕在阀芯上。更换的密封圈型号要和旧的密封圈一样。

水龙头的 O 形环。如果是 O 形环的水龙头，需要准备可调扳手、水管合缝胶带、更换的 O 形环。先关闭供水系统，向逆时针方向旋转并卸下螺纹联结螺母，然后取下联结螺母，把出水口向上抬一下，从出水口座里取出 O 形环，用新的 O 形环替换旧的。

（4）灯具维修

房间里的灯具如果是螺丝口灯头，安装时要求螺丝口接零线，如果火线和零线接反了，开灯时螺丝口就会带电，即使开关断开，螺口灯头仍带电，更换灯泡或用湿布擦灯泡时就有触电的危险。

白炽灯或台灯若配有塑料灯罩，选用灯泡的瓦数就不宜过大，以免灯温过高导致塑料灯罩变形。

如果灯泡在通电后出现忽明忽暗的现象，这是灯座里的铜芯片失去了弹性，不能复位造成的。在断电的情况下，用木筷子向上翘一下灯座里的铜芯片，使其与旋入的灯泡芯紧密接触即可。

（5）电饭煲维修

电饭煲电源插座内进水或进汤，就会造成短路。对于这种情况，可以将插座内部擦洗干净，吹干水分后继续使用。如果插座或插头已经炭化，就需要更换插座或插头。

若电饭煲不能煮饭，可用万用表检查电源导线是否烧断，限流电阻是否熔断（较多见），电热盘内发热管是否烧断（较少见）。

电饭煲煮不熟饭，主要是限温器内的永久磁环的磁力减弱造成的，可拆开电饭煲的限温器，检查磁环是否断裂，吸力如何。如已损坏，更换磁环即可。

（6）车辆日常维护与保养

汽车在我国已成为人们日常出行的主要交通工具之一，车辆日常养护逐渐成为人们应学应会的现代劳动技能。车辆日常维护是保证车辆正常运行的基础，主要包括清洁、补给和安全检视。即对汽车外表、发动机外表进行清洁，保持车容整洁；对汽车各部润滑油（脂）、燃油、冷却液、制动液、各种工作介质等进行检视、补给；对汽车制动、转向、传动、悬挂、灯光、信号灯等安全部位和装置，以及发动机运转状态进行检视、校紧，确保运行安全。

一是汽车出车前的维护。清洁汽车外表；检查门窗玻璃、雨刮器、后视镜、内视镜和门锁等是否完好有效；检查冷却水量、润滑油量、液压制动液量、燃油量、蓄电池电解液量是否充足，并检查上述液体容器的盖子是否齐全有效；检查牌照、喇叭、灯具是否齐全有效；检查行车证件是否齐全；检查轮胎气压是否合乎标准，轮胎螺栓是否松动，并清除胎纹间杂物；检查转向盘自由转动量，离合器踏板是否正常；检查发动机运转中有无异响，各仪表工作是否正常；检查有无漏水、漏油、漏气、漏电现象；检查随车装备和工具是否齐全，并携带必要的备件和配件。

二是汽车行驶中的维护。汽车起步后，试验离合器、制动器和转向系统的工作状况。在汽车行驶中发现有下列情况之一，应立即停车检查，排除故障：发动机熄火、工作不稳、温度过高；发动机或底盘有异响和异味；仪表工作失常或失效；制动器失灵或制动气压低于警戒值；转向系统工作失常；轮胎有明显的漏气或严重损坏；离合器工作失常。

三是行驶途中停车时的维护与保养。检查是否有漏水、漏油、漏气、漏电现象；检查轮胎气压是否正常，轮胎有无损伤，并清除胎纹间杂物。

四是日常收车后的维护。清洁全车外表和驾驶室（车厢）内部；检查有无漏水、漏油、漏气、漏电情况；补充燃油、制动液、机油、齿轮油，使其达到标准；检查冷却系统的工作情况，夏季检查百叶窗开度和风扇皮带松紧度，定期换水清洁，冬季气温低于 3 ℃时，未加防冻液的冷却水应放净；冬季气温低于−30 ℃时，露天停放的车辆应拆下电瓶，留于室内保温；检查轮胎气压，不足时应及时充气，清除胎纹间杂物。

第二节　服务性劳动能力

高校开展的劳动教育，其中日常生活劳动较为普遍，生产劳动次之，服务性劳动比例相对较低。需要指出的是，参与服务性劳动，能帮助大学生树立服务意识，增强其社会责任感，提升其实践能力。大学生在服务他人、奉献社会中能形成正确的世界观、人生观、价值观，在多样化的服务中能增长才干，提高适应社会环境的能力，培养勇于担当的责任意识和甘于奉献的志愿精神。

一、服务性劳动能力的概念

服务是指社会成员在教育、医疗、养老、托育、家政、文化、旅游和体育等社会领域，为满足人民群众多层次、多样化的需求，依靠多元化主体而相互提供帮助的活动。服务性劳动与物质生产性劳动、精神生产性劳动是不同的。

服务性劳动能力是指劳动者运用特定的设备和工具在从事服务生产和经营活动的过程中，直接满足消费者对服务产品的需要的劳动能力。服务性劳动能力按照其是否提供或保存了使用价值，可以分为两大类：一类是物质性劳动能力，如服务于修理业、包装业、仓储业等行业的劳动者的劳动能力，此时服务性劳动可以看成生产劳动在其他领域（如流通领域或消费领域）的继续；另一类是非物质性服务劳动能力，如快递员的配送服务、法务工作者的咨询服务等，这类服务性劳动不提供任何规范意义上的使用价值（包括有形和无形的物质产品），只能提供运动形态的、有用的劳动成果，即服务者提供服务的过程完结以后，不留下任何可以捉摸的，同提供这些服务的人分开存在的结果，或者说不会留下能够当作商品来出卖的物品。

大学生通过服务性劳动教育可有效增强责任意识，培养担当精神，激励自己深入基层、扎根社会，融入广大人民群众，在劳动中学习，在学习中劳动，使奉献、友爱、互助、进步的志愿精神厚植于心。

大学生开展服务性劳动一般不以营利为目的，具有无偿性或低偿性，服务对象主要是困难群体、边缘群体和弱势群体。高校可开展教学实践、顶岗实习、军政训练、社会调查、生产劳动、志愿服务、公益活动、科技发明和勤工助学等社会活动，促进大学生服务性劳动能力的提升。比较常见的有暑期社会实践"三下乡"、大型赛事、文艺演出、社区劳动等。

二、服务性劳动的作用

服务性劳动和职业活动在某些层面上有着相同的特征，如每个个体对应不同的工作职责，在团队中合作，为了同一个目标共同努力等。大学生参与服务性劳动，可在类似职场的环境中有效提升自身的职业素养，如踏实肯干的品质、团结合作的精神、乐观向上的工作态度、上传下达的沟通技巧等。在志愿服务活动中，大学生可充分锻炼和提高自身的就业能力，为顺利就业做好准备。

（一）积累心理资本

心理资本是指个体在成长和发展过程中表现出来的一种积极的心理状态，是超越人力资本和社会资本的一种核心心理要素，是促进个人成长和绩效提升的心理资源。拥有过人心理资本的人，能应对更大的挑战，具备更强的抗压能力，从逆境走向顺境，从顺境走向更大的成功。拥有过人心理资本的人通常是自信、乐观的人，勇于创新，敢于创新，能因地制宜地发挥知识和技能的作用，最终成就完美的人生。大学生可以在参与服务性劳动的过程中，积累心理资本，为未来进入职场做准备。

1.有助于自我评估

择业的重要依据是拥有客观而准确的自我定位。服务性劳动让大学生在社会实践中了解自我，对自己的专业能力以及性格特征有一定的把握，从而有针对性地发挥优势、弥补不足，提高就业竞争力，增强就业自信心，避免盲目地选择职业；同时大学生在各种服务性活动中加强与他人的交流，获得受助者对自身的积极评价，从而提高自我认同感。

2.有助于磨砺心志

服务性劳动能够让大学生零距离接触社会，磨砺大学生的心志，让大学生形成坚韧不拔、不屈不挠的品质。自力更生、吃苦耐劳是部分大学生最为缺乏的品质，而这些品质恰恰是能帮助他们在激烈的职业竞争中脱颖而出的关键因素。例如，有的大学生支教志愿者需要住在村部或者农民家中，生活条件较为艰苦，在这种条件下坚持服务性劳动，并以出色的服务得到学生和家长的认可，这本身就是一个非常好的锻炼过程，会使大学生面对困难时更加坚强。也正是通过一系列志愿服务，大学生能够在复杂多变的社会环境中形成勤勉奉献的职业品格；学会应对各种突发事件，形成沉着冷静的处世态度，提高就业心理素质，提升就业能力。

（二）积累人力资本

相较于物质资本，人力资本是指人们在教育培训、工作培训、实践经验、就业信息等方面获得的知识和技能的存量总和。人力资本一旦形成，就与个体紧密联系起来，是学识、技能、机会等在投资者身上的聚合。在增强服务性劳动能力的同时，大学生可以通过增加知识储备，增强专业本领等方式为自己积累更多的人力资本。

1.有助于搭建合理的知识框架

如何快速掌握职场需要的知识和能力，如何获得课堂以外的学识和经验，从而提高自身的核心竞争力，保持自己在职场中的优势？参与服务性劳动无疑是大学生知识更新和转化的有效途径。在深入社会的过程中，大学生常常能体会到知识的宝贵和自身知识储备的不足，从而激发自我学习的兴趣；将理论知识付诸实践的过程，增强了大学生的知识转化能力，最终实现了书本知识从量到质的变化，有助于大学生在日积月累中搭建合理的知识框架。

2.有助于提高专业本领

将理论知识应用于实践，强化了大学生对所学专业的理解。在高等教育受众越来越多的今天，了解和掌握专业本领是一个大学生能脱颖而出最为关键的途径。志愿服务为此提供了良好的平台，如大学生"三下乡"和"四进社区"等活动，把不同专业和特长的学生安排到科技、文化、卫生等岗位上参与服务工作，激发了大学生的学习热情，加深了其对社会的认识，能在实际操作中促进其专业技能水平迅速提高。

（三）积累社会资本

在以人际关系网络为特征的当代社会中，个体或集体之间的相互联系给人际关系拥有者带来的是一种无形的社会资本。大学生可通过参与服务性劳动获取一定范围内的社会资本。以大学生志愿者为例，他们在参与社会服务性活动的过程中，通过共同的组织规章制度和奉献精神促进相互间的身份认同与接纳，相互帮助与相互尊重加深了志愿者与被助者之间的信任感与好感，使大学生志愿者群体获得社会认同感，从而扩大人际关系网络，积累更多的社会资本。

大学生参与服务性劳动，可锻炼自己，拓宽视野，能够做到科学能力和人文素养同步提升。另外，大学生有机会通过服务性劳动接触到不同行业、不同地区、不同阶层的人群，与不同院校大学生之间的交流得到加强，并且有了更多思想碰撞、融合和互相借鉴学习的机会；通过与不同领域的人展开合作，解决在学校中无法解决的难题；能从不同角度了解各地风俗人情和社会特征，拓宽视野，丰富知识储备等。这些都是课堂教学无法实现的。

三、服务性劳动的内容

服务性劳动是指利用知识、技能、工具、设备等，为他人和社会提供服务，以服务国家和社会发展、保障人民福祉为目的的活动，包括在现代服务性岗位上见习实习，或公益劳动、志愿服务等，具有明显的公益性和利他性特点。大学生在参与服务性劳动的过程中，能帮助他人、服务集体，获得服务本领，增强社会责任感，树立服务意识。

服务性劳动组织开展活动通常是个性化的，大学生需要选择适合自己的服务项目。组织大学生参加服务性劳动的形式分为两大类：一种是以校园场所的卫生保洁、绿化美化和管理服务等义务劳动为主的维护公共秩序和公共卫生的劳动；另一种是以关爱和照顾特殊群体为主要内容，包括到敬老院看望老人、关爱伤残儿童、到孤儿院慰问孤儿、关爱退伍老兵等与社会实践相结合的劳动。大学生参加前者的比例高于后者，因为后者涉及岗位的专业性较强，一次性可以接纳的学生数量有限，需要学生付出的精力更多。

服务性劳动不只是一般性的体力劳动，也有特殊性的专业劳动。例如，此次抗击新冠肺炎疫情的过程中，无数大学生积极投身到抗疫志愿服务中，参与社区生活保障、流行病数据分析等工作，凸显了服务性劳动教育的重要意义。对大学生而言，服务性劳动不仅仅是体力、劳动能力等方面的锻炼，更是强化责任意识、重塑担当精神的过程。

（一）以维护公共秩序和公共卫生为主的劳动

由于担心劳动操作过程中出现安全事故，高校校园内已很难看到大学生劳动的身影，校园走廊、卫生间、教室有专门的保洁人员进行清洁，花木修剪也由相应的物业公司承担。然而，在保障大学生安全的前提下，有序组织大学生开展劳动，对于促进大学生树立正确劳动价值观、形成积极劳动态度、养成良好劳动习惯、掌握必备劳动知识技能等是十分重要的。高校应积极引导大学生投入到校园场所的卫生保洁、绿化美化和管理服务中，培养大学生的公民意识，提升大学生的动手能力，让劳动最光荣、劳动最崇高、劳动最伟大、劳动最美丽的观念深入人心；加强劳动精神的培养，让大学生懂得辛勤劳动是诚实劳动、创造性劳动的前提和基础；培养大学生吃苦耐劳的精神，为培养知识型、技术型、创新型的劳动者奠定基础。

1.自觉参与校园卫生保洁

参与校园服务性劳动，有利于大学生形成吃苦耐劳的品质，提高大学生的生活自理能力，还能培养大学生的社会责任意识和主人翁意识，因为大学生对校园的热爱不仅体现在课堂交流上，还体现在爱护校园的一草一木上。积极参与校园环境的建设与维护，有利于大学生树立主人翁精神，自觉做学校的主人，而不是过客。只有这样，在毕业若干年后，学生对母校的热爱才会依旧如初。

2.自觉参与校园除雪工作

除了完成日常的校园环境维护工作，对北方高校学生来说，在冬季主动投入到校园义务除雪工作中，也是开展服务性劳动的一种重要途径。大学生参加校园除雪工作不仅能增强劳动意识，也能使师生关系更融洽，培养他们相互协作、吃苦耐劳的品质，同时也能体会到冬季户外劳动和服务他人的快乐。

（二）与社会实践相结合的劳动

任何一种价值观，要想得到全体社会成员的认同，必须经过反复、长期的实践。社会实践作为服务性劳动的重要内容，能够加深大学生对社会的了解，强化大学生的服务意识，进而促进其正确价值观的形成。目前，各级政府、社会组织机构、社会团体为大学生提供了形式多样、操作规范、反响良好的社会实践活动。

1.大学生志愿服务西部计划

大学生志愿服务西部计划是共青团中央、教育部、财政部、人力资源社会保障部根据国务院常务会议和全国高校毕业生就业工作会议精神，招募一定数量的普通高等学校应届毕业生或在读研究生,到西部地区基层单位开展为期1～3年的志愿服务工作,鼓励志愿者服务期满后扎根当地就业创业的人才培养项目。

党和政府鼓励青年知识分子到实践中去,到基层和艰苦地区去经受磨炼、快速成长。大学生到西部去,到祖国和人民最需要的地方去建功立业,对于促进西部地区教育、卫生、农技等社会事业的发展,拓宽大学生就业创业渠道,培养和造就一大批既有现代科学文化知识、又有基层工作经验和强烈社会责任感的优秀青年人才,推动经济、社会持续健康发展,提升大学生服务性劳动水平等,都具有非常重要的作用和意义。

参与这项计划的人才,需具有志愿精神,总学分绩点(或学业成绩)排名在本院系同年级学生总数前70%之内,通过毕业体检和西部计划体检,获得毕业证书并具有真实有效的居民身份证,大专以上学历优先,优秀学生干部和有志愿服务经历者优先,西部急需的农业、林业、水利、医学、教育、金融、法学类专业者优先,入学前户籍所在地在西部地区者优先。参加基层青年工作专项行动的志愿者,具有累计一个月以上的基层工作、志愿服务经历或者曾获校级以上表彰奖励、担任过各级学生组织主要负责人者优先。鼓励已被录取为研究生的应届高校毕业生和在读研究生报名参加西部计划。选拔方式是笔试、面试,考察报名学生的政治思想素质、学习成绩、志愿服务经历等情况;时间安排为五月份报名,六月份进入录取阶段,九月上旬全国项目办通过"西部计划信息系统"汇总到岗志愿者名单,并向社会公布。

2. "三支一扶"计划

"三支一扶"计划是高校毕业生到基层的落实政策,大学生在毕业后到农村基层从事支农、支教、支医和帮扶乡村振兴工作。这些计划鼓励高校毕业生到西部去、到基层去、到祖国最需要的地方去,经受锻炼,促进农村基层教育、农业、卫生等社会事业的发展,为建设社会主义新农村和构建社会主义和谐社会贡献力量。招募工作坚持公开、平等、竞争、择优的原则,专业以农村基层急需的农业、林业、水利、医学、教育、经济类为重点,优先招募家庭经济困难的毕业生,优先安排高学历毕业生,优先安排已考取研究生的毕业生,优先安排回生源地的毕业生。

实施过程包括组织招募和对大学毕业生工作期间的管理服务两个方面。组织招募的工作流程是,每年四月底前,各地收集、汇总、上报乡镇一级教育、农业、卫生等基层岗位需求信息;五月底前,各地公布招募计划,采取考核或考试的方式进行公开招募;七月底前,派遣"三支一扶"大学生到服务单位报到。服务期满考核合格的毕业生可获由人事部统一印制的"高校毕业生到农村基层服务证书",该证书可作为服务期满后享受相关就业优惠政策的依据。服务时间一般为两年,工作期间给予一定的生活补贴,期满后自主择业,享受一定的优惠政策。有的地区服务期满考核合格可占编就业,在原岗位落实事业编,按事业单位公开招聘人员对待。

3. "三下乡"社会实践活动

"三下乡"社会实践活动通常是大学生志愿者参加的一项活动。该活动由共青团中央发起、地方各级团组织主办,很多时候是以大学生团体或社团组织为单位开展的。活动内容是青年人将城市的科技、文化和卫生知识带到发展相对落后的偏远地区。"三下乡"中的"三"是指科技、文化、卫生,"乡"指中国农村地区。科技下乡包括科技人员下乡,科技信息下乡,开展科普活动等;文化下乡包括图书、报刊下乡,送戏下乡,电影、电视下乡,开展群众性文化活动等;卫生下乡包括医务人员下乡,扶持乡村卫生组织,培训农村卫生人员,参与和推动当地合作医疗事业发展等。"三下乡"是服务基层、服务"三农"的重要惠民活动,促进了农村经济社会发展。

4.青年红色筑梦之旅

青年红色筑梦之旅是为了贯彻落实习近平总书记在 2017 年给第三届中国"互联网＋"大学生创新创业大赛"青年红色筑梦之旅"的大学生的回信的重要精神,弘扬伟大的改革开放精神,鼓励青年"敢闯敢试、敢为天下先",走进革命老区、偏远山区和城乡社区,聚焦脱贫攻坚,用创新创业的生动实践书写无愧于时代的壮丽篇章。各高校挖掘本地优质创新创业项目参与活动,组织团队在每年的六月至八月登录"全国大学生创业服务网"或通过其微信公众号("全国大学生创业服务网""中国互联网＋大学生创新创业大赛")进行报名。大学生围绕社区创业、乡村振兴、环境保护等主题制订"青年红色筑梦之旅"活动方案,跟踪调研往届"青年红色筑梦之旅"活动项目进展情况,创造项目落地环境。

四、服务性劳动的基本要求

新时代对大学生的服务性劳动能力提出了新的要求，需要大学生的服务性劳动更加专业化、技术化。

（一）弘扬志愿服务精神

奉献精神是指个人与他人、集体、国家之间存在的一种纯洁高尚的道德义务关系，是用来评价人生价值的基本标准之一。志愿服务精神是一种高尚的精神，崇尚互相帮助、助人自助、无私奉献、不求回报的理念。全心全意为人民服务是中国共产党的宗旨，其内涵强调的是奉献精神。大学生作为实现中华民族伟大复兴的生力军，在开展服务性劳动时应充分发挥志愿服务精神，弘扬社会正能量，尤其是在面对重大灾害、重大公共卫生安全问题时，要有担当精神，要甘于奉献、实干进取。

（二）提升服务性劳动能力

服务性劳动能力对个人来说，仍然属于生产劳动和生活劳动的能力范畴。例如，志愿者"三下乡"帮助村民修电器，帮助孤寡老人、留守儿童料理生活，这些都属于生活劳动领域；作为社会工作者或者义工参与帮助对象的生产劳动，则属于生产劳动。开展服务性劳动的领域广泛，因此大学生提升劳动能力应在"博"字上下功夫，掌握更多生产、生活劳动的技能，涉猎领域越多越好，这样才能够满足各种社会服务需求。

（三）提升社会服务中的沟通本领

服务性劳动的特点是有特定的服务对象，如老人、儿童、社区居民等。新时期的服务性劳动还包括绿色环保、会展服务、境外志愿服务等。大学生参与服务性劳动时，与服务对象的沟通显得尤为重要。例如，帮助了困难人士却不让其有"被施舍"的感觉，所提供的服务性劳动刚好契合被服务者的需求等，这些都需要很好的沟通能力。大学生可以通过协调资源，改善与社会服务需求者之间的沟通质量等方式，更好地开展社会服务。

第三节　生产劳动能力

一个社会的生产力水平与劳动者的生产劳动能力直接相关。随着经济社会的发展，劳动者的劳动能力与科学技术结合得更加紧密，对职业化、专业化的要求越来越高。作为即将进入社会成为劳动者的大学生来说，提升职业化劳动技能，增强生产劳动能力是必要的素质训练，也是重要的生存本领。

一、生产劳动能力的概念

生产劳动是指创造物质财富的劳动，如工业、农业、交通运输业、建筑业等行业中的劳动。生产劳动能力是人进行生产活动的能力，包括体力和脑力两个方面，是体力劳动和脑力劳动的总和。现代经济发展中，生产劳动能力主要包括一般性劳动能力、职业性劳动能力和专门的劳动能力。其中，一般性劳动能力是指日常生活所需的简单的劳动能力；职业性劳动能力是指经过一定的专业训练，具备专业知识或技能的劳动能力（如建筑设计等）；专门的劳动能力是指有特殊专长的职业性劳动能力（如歌唱、弹钢琴等）。

马克思在《资本论》中指出，劳动生产力是由多种情况决定的，其中包括工人的平均熟练程度、科学的发展水平及其在工艺上的应用状况、生产过程的社会结合方式、生产资料的规模和效能、自然条件等。可见，一个社会的生产力水平高低跟劳动者的生产劳动能力有直接关系，而劳动者从事劳动生产的能力又包括劳动熟练程度、技术应用水平、主观劳动态度等。

生产劳动能力的培养是大学生的重要学习内容，具有树德、增智、强体、育美的综合价值。通过学校劳动教育特别是劳动教育课教学，大学生习得专业劳动技能，参与校内校外劳动实践，让劳动成为自己大学生涯的一部分，从而建立自己的生产劳动能力体系。

培养大学生生产劳动能力可从以下方面着手。首先，要明确价值取向，树立正确的劳动观，崇尚劳动、尊重劳动，增强对劳动人民的感情，报效国家，奉献社会。其次，以体力劳动为主，注意手脑并用、安全适度，强化实践体验，通过亲历劳动过程，提升对劳动的感性认知。最后，在劳动中创新思考，在劳动内容和劳动方式中体现专业知识和技能的应用，注重新兴技术对劳动的支撑，深化产教融合，培养科学精神，提高创造性劳动能力。总之，大学生在参与劳动的过程中，需要动手实践、出力流汗，能接受锻炼、磨炼意志，体验亲自创造劳动成果的过程，有助于养成良好的劳动习惯，树立正确的劳动态度，培养正确的劳动价值观和良好的劳动品质。

二、生产劳动的作用

（一）体验生产劳动，培养劳动态度

劳动是财富的源泉，也是幸福的源泉。大学生应发挥个人的生产劳动能力，在工农业生产过程中直接创造物质财富，体验从简单劳动、原始劳动向复杂劳动、创造性劳动的发展过程，增强劳动荣誉感和成就感，培育积极向上的劳动精神和认真负责的劳动态度，增强自己的劳动情感，提升劳动能力和劳动品质。

（二）训练应用技术，提高劳动技能

掌握在生产劳动中实践生产技术和应用劳动工具的方法和技能，特别是掌握现代劳动工具、技术含量高的设备的使用方法，使个人劳动能力与专业技术相结合，反复强化训练，提高劳动技能。

（三）积累职业经验，契合岗位要求

大学生结合学科专业开展生产劳动，锻炼和积累专业生产技能和职业经验，熟悉本行业的劳动组织、劳动安全规定和劳动法规等，学习劳模精神、工匠精神，强化敬业精神，形成吃苦耐劳、团结合作、严谨细致的工作态度。

（四）培育劳动创造性，满足未来需要

"劳动是财富的源泉，也是幸福的源泉。人世间的美好梦想，只有通过诚实劳动才能实现；发展中的各种难题，只有通过诚实劳动才能破解；生命里的一切辉煌，只有通过诚实劳动才能铸就。劳动创造了中华民族，造就了中华民族的辉煌历史，也必将创造出中华民族的光明未来。"①在生产劳动过程中，大学生通过发挥主观能动性，在实践中不断开拓创新，能不断提升创造性劳动能力。

三、生产劳动的内容

（一）农业生产劳动

农业是利用动植物的生长发育规律，通过人工培育获得产品的产业，劳动对象是有生命的动植物，获得的产品是动植物本身。我国农业的生产结构包括种植业、林业、畜牧业、渔业和副业。数千年来，我国农业生产是以种植业为主的，由于我国人口众多，人均耕地面积相对较少，粮食生产显得尤为重要，种植五谷几乎就是农业生产的代名词。根据生产力状况，可将农业分为传统农业和现代农业。

1.传统农业生产劳动

传统农业生产劳动主要包括种植、田间管理和收获三个重要环节。

---

① 选自 2013 年 4 月 28 日习近平总书记在同全国劳动模范代表座谈时的讲话。

（1）种植

种植包括整地、起垄、播种、填埋、压实和浇水等环节。整地是指在种植农作物前进行的耕翻、平整土地的农业生产劳动过程，主要包括浅耕灭茬、翻耕、深松耕、耙地、耢地、镇压、平地等环节。中国传统农业通常使用牛、马等牲畜犁地，后来使用农用车，大型农场则使用大型农机具。起垄是用犁在耕地上画出沟，两道沟之间的突起部分就叫垄，也叫田埂。垄是作物生长的区间，高于周边的土地，便于通风和灌溉。播种是将作物的种子按照规定的数量，在规定的时间，以规定的深度播撒到土地中。播种之后是填埋、压实和浇水。

（2）田间管理

农作物田间管理是种植后的一个重要环节，管理效果的好坏直接影响作物生长。常见农作物的田间管理有间苗、除草、浇水、追肥、病虫害防治等。间苗就是拔掉种植密集的苗，将拔掉的苗移植到种植稀疏的地方叫补苗，这样能够确保苗间距均匀、受光均衡。作物生长期间会同时生长出杂草，因此需要除草。垄沟里的草可以用锄头直接铲掉，苗间的草就需要用手拔掉。除草的目的是防止杂草与作物争夺养料。追肥是在作物出现苗黄、苗瘦、苗弱等现象后，对其有针对性地追肥。肥料通常包括农家肥和化肥，化肥又有氮肥、磷肥等种类，大学生要在教师的指导下对作物进行施肥。作物遇有病虫害时还要给作物喷药。大学生通过田间管理环节的劳动实践，可以了解常见作物的简单田间管理方法、农具使用方法，认识农作物各个时期的生长态势，判断其健康与否。田间管理使用的农具通常有铁锹、铲子、锄头、喷雾器、水桶等。

（3）收获

收获是最幸福也是最辛苦的一个劳动环节。我国自 2018 年起，将每年秋分日定为"中国农民丰收节"。这是世界上第一个在国家层面专门为农民设立的节日，展示了农村改革发展的巨大成就，调动了亿万农民的积极性、主动性、创造性，提升了亿万农民的荣誉感、幸福感、获得感。春生夏长，秋收冬藏。农业生产劳动中还有储藏劳动，包括运输、脱粒、储藏等活动。

大学生的农业生产劳动能力一般是通过三个途径获得的。一是掌握传统农业生产劳动内容，品味农耕文化，即通过了解常识，尤其是了解田间劳动流程，来感受农耕文化的博大精深；二是学会使用常见的传统农耕生产工具，感受农民的智慧，了解机械化农具的使用方法和操作技巧；三是掌握传统农业生产劳动技能，体会劳动获得感，即通过使用工具、熟悉田间劳动流程、进行田间劳动实践等，提高农业生产劳动技能，感受"一分耕耘，一分收获"，感受"谁知盘中餐，粒粒皆辛苦"，从而学会节俭。

大学生可以参加学校组织的学农活动或者利用假期进行农业生产劳动实践。通过学农的一系列活动，大学生深入农村，到田间地头亲自体验农业生产过程并参与劳动，或者到农家体验生活，学习基本的农业劳动技能、农具使用方法，学习农民吃苦耐劳的传统美德，了解农村发展的新变化等，这些对自身素质的全面提高大有裨益。

大学生在参与农业生产劳动过程中，往往能学会忍耐和坚持，懂得劳动的艰辛和快乐，学会互帮互助、互相谦让，懂得吃苦在前、享乐在后的道理，明白自己动手、丰衣足食的意义，由此对自己日常的学习、生活产生更为深刻的认识，以后会更加坚定地克服学习、生活中的困难，体会父母的关爱，学会感恩，在劳动中成长。

2.现代农业生产劳动

现代农业指广泛应用现代科学技术、现代工业提供的生产资料和现代生产管理方法的社会化农业。现代农业生产有以下两大特点：一是农业生产的物质条件和技术的现代化，利用先进的科学技术和生产要素装备农业，实现农业生产机械化、电气化、信息化、生物化和化学化；二是农业组织管理的现代化，实现农业生产专业化、社会化、区域化和企业化。

现代农业是用现代工业装备的、用现代科学技术武装的、用现代组织管理方法来经营的社会化、商品化农业。现代农业以保障农产品供给、增加农民收入、促进可持续发展为目标，以提高劳动生产率、资源产出率和商品率为途径，以现代科技和装备为支撑，在家庭经营的基础上，在市场机制与政府调控的综合作用下，农、工、贸紧密衔接，形成的产销一体、多元化的产业形态和多功能的产业体系。现代农业标准化、专业化、规模化、集约化、信息化、生态化、深加工、社会服务化的发展趋势，给农业生产劳动带来了新变化，为农业生产劳动能力赋予了新内容，对农业劳动力提出了新要求。

农业现代化最为重要的标志是农业机械化。农业机械化是用机器装备代替人力、畜力进行农业生产的技术改造和经济发展的过程。使用农业机械的目的是保证农业增产措施的实现，抵抗自然灾害，减少农业损失；提高劳动生产率；降低农业劳动强度，改善劳动条件。随着经济的发展，我国农业机械化水平不断提高，并进入了高速发展期。现代农业机械主要包括耕地和整地机械、育秧机械、收获机械、浇灌机械、养殖机械等。耕整地机械包括耕地机械和整地机械。耕地机械通常包括犁、旋耕机和深松机。整地机械主要包括镇压器和起垄机等。种植施肥机械包括播种机械、育苗机械设备、栽植设备和施肥机械。田间管理机械包括中耕机械、植保机械和修剪机械。收获机械包括谷物收获机械、玉米收获机械、棉麻作物收获机械、果实收获机械、蔬菜收获机械、花卉收获机械、籽粒作物收获机械、根茎作物收获机械、饲料作物收获机械和茎秆收集处理机械等。

现代农业生产劳动比传统农业生产劳动更为复杂，呈现出脑力劳动与体力劳动相结合的特点。大学生在劳动实践过程中了解现代化农业工具的操作知识和农业经营管理知识，并学习现代农业生产劳动技能，能帮助他们将所学知识与生产实践相结合，体验现代农业生产劳动，增强学习的紧迫感。

（二）工业生产劳动

1.工业生产劳动的类型

工业主要是指原料采集与产品加工制造的产业或工程，属于第二产业。工业生产主要是对自然资源以及原材料进行加工或装配的过程，是一个工资相对较高、工作比较艰苦的行业，从事工业的人需要具备一定的体能和技能。工业生产主要在工厂里进行，劳动力（工人、技术人员等）利用动力（燃料、电能）和机械设备将原料制成产品。一种原料可以生产不同的产品，而一种产品又可能由多种原料加工、组装或化合而成。工厂生产的正常进行，除需要劳动力、动力、厂房设备等基本条件外，还会受到科学技术、政府政策、资金、管理等因素的制约。一般根据投入要素在总投入中所占比重的不同，将工业分为资源密集型工业、劳动密集型工业、资金密集型工业、知识密集型工业等。

（1）资源密集型工业

资源密集型工业是指在生产要素的投入中需要使用较多的土地等自然资源进行生产的工业产业，如矿产采掘业，煤、石油、天然气、金属矿产采挖等产业。资源密集型工业要求劳动者具备良好的身体素质、力量型劳动能力以及必要的采掘技能。随着科技的发展，现代化生产设备投入不断增加，社会对产业工人的机械操作能力要求也在不断提高，而且资源密集型工业逐渐突破直接作业对象的限制，呈现出立体化、综合化、复合化的发展趋势。例如，现代采矿业需要许多不同领域的专业人员（如工程师、实验室技术人员、地质学家、环境科学家等）直接或间接地加入采矿行业中，将最新科学技术应用到实际生产过程中。

（2）劳动密集型工业

劳动密集型工业是指生产过程需要大量使用劳动力，对技术和设备的依赖程度相对较低的工业，服务对象涉及全部三个产业，覆盖城乡，如纺织工业、服装业、电子产品装配业等。即使是高新技术产业中的一些工序，如光学、精密零件的研磨、抛光等仍需要人工来完成。劳动密集型工业属于低附加值的生产活动，对劳动力素质要求相对较低，生产劳动具有简单、低技能、重复劳动的特点。在我国改革开放初期，劳动密集型产业迅猛发展，吸纳了大量农村剩余劳动力，带动了国家经济的发展。

目前，高能耗、高成本、低附加值产业成为我国经济进一步发展的桎梏，劳动密集型产业不断转型升级，出现与先进技术有机结合的趋势，如高科技产业终端组装加工业、外部配套的加工业、新兴家电业等。为满足个性化和多样化的市场需求，人工作业的劳动密集型工业在如服装、日用品以及定制化的陶艺、雕刻、刺绣工艺品等方面优势较为明显，特殊技能已成为劳动者素质的新标准。

（3）资金密集型工业

资金密集型工业是指在其生产过程中资本的投入较高，产品物化劳动所占比重较大的产业，如交通、钢铁、机械、石油化工等基础工业。其生产活动属于高附加值的生产活动，增值能力较强，对劳动力的素质要求相对较高，产业本身与科技紧密结合，生产线换代、产品升级速度快，对劳动者的专业劳动技能、科技素养、技术更新和应用能力都有较高的要求。

（4）知识密集型工业

知识密集型工业又称智力密集型工业，是以知识智力资本为主要生产要素，高度依赖知识智力发展成果，大量聚集知识智力型员工，主要提供以智力、知识、技术、经验、信息、技能为核心生产要素的产品和服务的产业，如电子工业、核工业、航空航天工业、生物工程工业等。知识密集型工业中知识技术在生产资料中所占比重大，要求劳动者具备较高的文化技术素养，相关职业岗位包括技术发明、技能创新、产品研发、管理经营、生产优化、工程设计、市场营销、资产管理、法律和金融事务、咨询顾问、方案解决、培训教育、人力资源管理等。

例如，以高新技术产业为代表的新兴产业就是科技与产业的完美结合，代表着未来工业的发展方向，它以高新技术为基础，不断突破前沿工艺或技术，体现科技成果转化能力、创新型科技人才实力，也是推进新经济发展的动力，是一个国家和地区促进经济增长和社会持续发展的有效方式和重要手段。高新技术产业包括电子与信息技术产业、生物工程和新医药技术产业、新材料及应用技术产业、先进制造业、航空航天、海洋工程、核应用、新能源与高效节能产业、环境保护产业、现代农业等领域。

人工智能、大数据、信息化、数字化技术的兴起，正逐渐改变着各行各业，深刻地影响着社会经济的发展，而人口老龄化、环境污染、能源危机等现代社会发展带来的问题也同时堆积在我们面前。作为新时代劳动者，大学生应把握社会发展趋势和未来对人才的需求趋势，主动学习，加强劳动和创新能力训练，在实践中锻炼过硬本领，以应对未来生产劳动的需求。

2.工业生产劳动实践的内容

通过了解近代和现代中国工业生产劳动，大学生可近距离触摸中国工业文明，感受中国技术、中国智慧，在中国工业快速发展的历程中，体会中国速度、中国力度，不断坚定"四个自信"。通过体验资源密集型工业、劳动密集型工业和资本密集型工业劳动，了解传统工艺，学习工匠精神，学习中国工人吃苦耐劳的优秀品质，树立幸福都是奋斗出来的价值观。

（1）到生产一线体验和锻炼

走进工厂，接触生产，了解工业生产过程，学习生产一线的员工勤恳的工作态度和企业奋斗开拓的精神，增强社会责任感；直接参与一线生产劳动，在工厂生产现场从事制造、装配、维修、装卸、搬运等具体体力劳动工作，在动手实践过程中创造有价值的物化劳动成果，培养吃苦耐劳的劳动精神，磨炼意志，强健体魄，提高劳动熟练度，掌握一定的劳动技能。

（2）开展与专业相关的知识技术服务

参加专业生产实习实训活动，以所学的知识、掌握的技能为实际工作提供智力支持，运用数量统计、计算机应用、外语等通用技能解决实际工作中的技术问题；运用专业知识技能处理业务工作，制订工作计划、独立决策和实施，解决实际工作中的专业问题。通过不断尝试用专业技术知识解决实际问题，提高和强化专业劳动能力。

（3）探索专业与生产相结合的创新创业活动

通过校企合作、产学研项目等渠道，参与生产劳动实践，尝试和探索新知识、新技术、新工艺、新方法在实际生产中的运用，积极参与高校和企业科研攻关项目，在生产实践中提高发现问题和创造性地解决问题的能力。

四、生产性劳动的职业资格标准和能力要求

生产性劳动通常是围绕各行业、各领域的职业岗位来开展的，为了保证各个职业岗位的工作质量，国家根据《中华人民共和国劳动法》和《中华人民共和国职业教育法》，确定了部分劳动岗位的职业资格标准，规范各个行业从业人员应该具备的专业知识、技术和劳动能力。这对提高劳动者素质，促进人力资源市场的建设以及促进产业升级、深化企业改革，培养技能型人才，促进经济发展等，都具有重要意义。

（一）职业资格准入制度

我国职业资格分为从业资格和执业资格两种类型。从业资格是指从事某一专业（工种）的学识、技术和能力的起点标准。执业资格是指政府对某些责任较大、社会通用性强、关系公共利益的专业（工种）实行准入控制，是依法独立开业或从事某一特定专业（工种）的学识、技术和能力的必备标准。职业资格分别由国务院劳动、人事行政部门通过学历认定、资格考试、专家评定、职业技能鉴定等方式进行评价，对合格者授予国家职业资格证书。从业资格通过学历认定或考试取得，执业资格通过考试取得。

（二）职业资格的分类

按照岗位性质和特点，职业资格可分为专业技术人员职业资格和技能人员职业资格。

1.专业技术人员职业资格

专业技术人员职业资格是对从事某一职业所必备的学识、技术和能力的基本要求。部分专业技术人员评聘职称，需要先取得专业技术资格。职称分为初级职称（员级、助理级）、中级职称和高级职称（副高级、正高级）。专业技术人员的职业资格证书可简单分为注册类资格（如注册会计师、注册结构工程师、注册安全员），执业类资格（如执业医师、执业律师、法官、检察官、执业中医师、执业护士、公务员），许可类资格（如教师、证券从业类、保险类）。其他未特别强调的可参照相关行业的职业资格，或无一定的职业资格要求。不同类的职业资格准入方式也不同，有的要求必须通过全国性统一考试，有的无要求，有的甚至要求取得资格证书前必须在相关行业内从事相关工作一定时间（如律师、医师等）。

2.技能人员职业资格

劳动部负责以技能为主的职业资格鉴定和证书的核发与管理。最新修订的《中华人民共和国职业分类大典》将职业划分为8个大类、79个中类、449个小类、1 636个细类（职业）、2 967个工种。其中，生产制造及有关人员包括农副产品加工人员，食品、饮料生产加工人员，烟草及其制品加工人员，纺织、针织、印染人员等，这里不再一一介绍。

总之，在日常学习生活中，大学生应主动培养日常生活劳动能力，如整理清扫、改善环境，养成良好的劳动习惯，保持身心健康，掌握必要的生活技能，具备创造美好生活的基本劳动素养。在社会活动中，大学生应积极提高服务性劳动能力，如维护公共秩序、公共卫生，参与支教公益实践、助老助残志愿服务等，形成正确的劳动价值观，提升适应社会的能力，树立责任意识和奉献精神。在生产活动中，大学生应努力提升职业化劳动技能和素质，如专业知识技能在工作实际中的应用与转化，现代化工具的操作与使用，数据化、信息化、智能化与实际工作的结合，不断提高生存本领，适应现代产业的劳动需求，在生产劳动中提升创造性劳动能力。大学生在学习生活、生产实践过程中，要弘扬劳动精神，崇尚劳动，积极参与劳动锻炼，提高劳动能力，主动成长为德智体美劳全面发展的社会主义建设者和接班人。

第四章　新时代大学生职业素养

职业素养是大学生走向就业、进入职场的基本条件，职业素养的高低关系到一个人的职业成就，而职业意识、职业责任和职业精神作为职业素养所包含的内容，它们的养成显得至关重要。

第一节　职业意识、职业责任
及职业精神

一、职业意识

职业意识是职业道德、职业操守、职业行为等职业要素的总和。高等院校要想帮助大学生在步入社会后能获得良性发展，就需要使他们在校期间就要认识到树立职业意识的重要性。

（一）职业意识的概念

职业意识是人们对职业劳动的认识、评价、情感和态度等心理成分的综合反映。职业意识由就业意识和择业意识构成，体现在个人的择业定位以及在职业活动中的情感、态度、意志和品质等方面，是支配和调控全部职业行为和职业活动的调节器。

职业意识是用法律、法规、规章制度、企业条文等来体现的。职业意识有社会共性的，也有行业或企业特点的。职业意识既影响个人的就业和择业方向，又影响整个社会的就业状况。

职业意识对个人的职业认知和职业活动具有导向和支配的作用。对于正处于职业教育阶段的大学生来讲，其对即将从事的职业的认识、看法，不仅会影响到个人的择业定位，而且对其以后的职业生涯也会产生很大的影响。如果从业人员缺少相应的职业意识，仅仅是完成个人分内的工作，则会表现出不思进取、得过且过、拈轻怕重等消极的工作态度。

（二）职业意识的内容

职业意识包含责任意识、敬业意识、奉献意识、团队意识、规则意识、竞争意识、效率意识、创新意识等方面。

1.责任意识

责任意识是一种自觉意识，表现得平常而又朴素。所谓的责任意识，就是清楚什么是自己的责任，并自觉、认真地履行社会职责的心理特征。换句话说，责任意识是一个人对自己、国家、社会、集体、家庭和他人，主动赋予积极作用的精神，是一种自觉主动地做好分内外一切有益事情的精神状态。因此，责任意识在人的素质结构和职业意识中处于关键地位。若一个人的责任意识强，即使再大的困难也能被克服；若其责任意识弱，即使是很小的问题也可能无法解决。

2.敬业意识

敬业就是要用一种恭敬、严肃的态度，认真履行岗位职责，兢兢业业、一丝不苟地对待工作。敬业意识作为基本的职业道德规范，是对人们工作态度的一种普遍要求。具备敬业意识就意味着人们能够对自己所从事的职业具有敬畏的情感，并能恪尽职守。一个人要想做到敬业，首先要热爱自己的工作岗位，热爱本职工作，即爱岗。而爱岗能使人产生强大而持久的工作动力，积极主动地投入工作，从而做到敬业，因此爱岗是敬业的基础，敬业是爱岗的延伸。

3.奉献意识

奉献意识是一种爱，是对自己事业不求回报的爱和全身心的付出。对个人而言，就是要在这份爱的召唤之下，把本职工作当成自己的事业来热爱，从点点滴滴中寻找乐趣，全心全意地完成工作。奉献精神是社会责任感的集中表现。

4.团队意识

团队意识是指整体配合意识，包括团队的目标、团队的角色、团队的关系、团队的运作过程四个方面。团队意识是一种主动的意识，具有团队意识的个体会将自己融入整个团体，想团队之所想，急团队之所急，从而最大限度地发挥自己的作用，促进团队的发展。团队意识是大局意识、协作精神和服务精神的集中体现，核心是协同合作，强调团队合力，注重整体优势，远离个人英雄主义。

5.规则意识

规则意识是指发自内心的、以规则为自己行动准绳的意识。例如，遵守校规、遵守法律、遵守社会公德、遵守游戏规则的意识。规则意识是现代社会每个公民必备的一种意识。

6.竞争意识

竞争意识是以个人或团体力量力求压倒或胜过对方的一种心理状态。它能使人精神振奋，努力进取，促进事业的发展，它是现代社会中个人、团体乃至国家发展过程中不可缺少的心态。竞争意识是人生存和发展的重要素质，也是高校培养大学生健康竞争心理的重要前提。

7.效率意识

效率就是在单位时间内完成任务量的多少。个人要想提高工作效率，可尝试以下三种途径：一是讲实效，不浪费时间；不断改进工作方法，从节约时间上达到提高工作效率的目的。二是在企业规范下干正确的事情，避免自由散漫的工作态度，从而提高工作效率。三是熟悉自己的工作，努力提高业务操作水平，只有这样才会达到事半功倍的效果。

8.创新意识

创新意识是指人们根据社会和个体发展的需要，出现了创造前所未有的事物的动机，并在创造活动中表现出的意向、愿望和设想。它是人类意识活动中的一种积极的、富有成果性的表现形式，是人们进行创造活动的出发点和内在动力，是人们发展创造性思维和创造力的前提。

二、职业责任

（一）职业责任的概念

职业责任是指人们在一定职业活动中所承担的特定的职责，它包括人们应该做的工作和应该承担的义务。个体的职业责任是由社会分工决定的，是其职业活动的中心，也是构成特定职业的基础。具体的职业责任往往需要通过行政的甚至法律的方式加以确定和维护。

职业责任可分为消极责任和积极责任两种。其中在消极责任的定义中，责任是作为一种义务的责任，是关于在给定状态下谁来承担责任的问题，即在事情发生后所要承担的责任。消极责任的一个中心问题是"你为什么那么做"，而积极责任则重点强调当前状态下的活动，或是对未来不希望发生的事情的阻止行为，它的中心问题是"需要做什么"。新时代职业责任有了更为丰富的内涵，包含个人责任、对家庭的责任、对组织的责任和对社会的责任四个层面。其中个人责任最为重要，是其他一切责任的基础。

（二）职业责任的内容

1.对个人的责任

这是自我产生的责任意识，是由自己而不是因为其他主管或制裁机构强迫个人产生的责任意识。它要求自己对自己负责，自己就是自己的主管，能够对自己进行评判，是自己对自己、对自己行为的责任。自我责任意识是一切行为的根基，它凸显了人生存的意义。

2.对集体的责任

这是从业人员对自己供职单位所承担的职责和义务。职业责任与职业行为是相伴随的，它既包含了职业场所和职业行为本身的客观规定，也反映了从业人员对工作的关注度与参与度。在不同职业或在同一职业的不同岗位工作的人，所承担的责任大小是有差别的，一名管理者的职业责任一般要大于一个员工的责任。然而，不论在职业行为中承担着怎样的责任，每位从业人员都必须建立起明确的责任意识，承担起同等的道德责任，对所从事的工作都应该尽心尽力。能否意识到自己职业行为中的责任，会直接影响职业人以怎样的态度和方式从事职业活动。在实际生活中，那些有职业责任感的人不仅在工作中严谨认真、一丝不苟，而且会主动承担工作中的过失。

3.对社会的责任

所有从业人员都是社会的一分子，都承担着一定的社会责任，社会正是通过分工把各种职业的责任和义务赋予每个从业人员，因而每个从业人员都需承担一定的社会任务，为社会作出应有的贡献。因为每一种职业的具体工作都要由从业人员来操作完成，所以从业人员必须明白自己所从事的职业与社会之间的关系，从而认清自身所肩负的社会责任。

（三）职业责任的形式

每一种职业都有相关的法律法规和职业道德规范来规定从业人员的职业行为及其应承担的责任。职业责任的承担形式不一，主要有道德责任、纪律责任、行政责任、民事责任和刑事责任五种。

1.道德责任

道德责任是指从业人员在履行职业职责的过程中，由于违反职业道德而受到同行的批评、社会或自我良心的谴责。这是从业人员最基本的职业责任承担形式。

2.纪律责任

纪律责任是指从业人员在履行职业职责的过程中，因违反职业规范、职业纪律而应当受到的纪律处分，纪律处分一般有警告、记过、记大过、降级、降职、撤职、开除等。

3.行政责任

行政责任是指从业人员在履行职业职责的过程中，因违反行政法规而依法应当承担的责任。如对律师的行政处罚就有警告、没收违法所得、停止营业、吊销执业证书等方式。

4.民事责任

民事责任是指从业人员在履行职业职责的过程中，因故意或过失而违反了有关法律法规或职业纪律，构成民事侵权、形成债权债务关系等，依法应当承担的责任。

5.刑事责任

刑事责任是指从业人员在履行职业职责过程中，因个人行为给国家、集体或个人造成损失、伤害，并触犯了刑法的有关规定，依法应当承担的责任。

三、职业精神

在职场上，什么样的人能够脱颖而出？什么样的人最受青睐？毫无悬念，答案肯定是具有职业精神的人。职业精神是人们必备的品质修养，也是现代企业录用人才的重要标准。职业精神是职场人士的生存资本，是企业发展的内在核心。企业要想变得日益强大，个人要想变得逐渐优秀，都离不开职业精神。

（一）职业精神的概念和内涵

1.职业精神的概念

职业精神是与人们的职业活动紧密联系、具有自身职业特征的精神。具体表现为个体在工作过程中表现出的职业理想、职业态度、职业技能、职业道德等综合素养。这种心理特征与所从事的职业特征紧密相连，具备职业的特殊性，同时也能体现一些共性的基本职业素养，是个体在特定职业环境下所必备的，也是需要其逐渐养成和习得的。

2.职业精神的内涵

（1）敬业

敬业是职业精神的重要内涵，即社会成员特别是从业人员对自己所从事的职业的尊敬和热爱。敬业是从业人员希望通过自身的职业实践，去实现自身价值追求的一种途径。敬业与人的存在方式、人的本质、人的全面发展都有着直接的联系，并共同构成职业精神的完整价值系统。职业精神所要求的敬业，承载着强烈的主观需求和明确的价值取向，这种主观需求和价值取向规定了从业人员实践活动的内在尺度，彰显着职业实践活动的价值目标。

（2）勤业

职业精神必须落实到勤业上。为了做到勤业，从业人员不仅要强化职业责任，端正职业态度，还需要努力提高职业能力。在人工智能时代背景下，从业人员的职业能力，需要在继续推进改革开放和现代化建设的实践中去提高，在解决复杂矛盾和突出问题的实践中去提高，在应对各种挑战和风险的实践中去提高。

（3）创业

职业发展的动力在于创新。历史反复证明，要想推进职业发展，关键要敢于和善于创新创业。创新是引领发展的第一动力，有没有创新能力、能不能进行创新，是当今世界范围内经济和科技竞争的决定性因素。

（二）职业精神的基本要素

社会主义职业精神是由多种要素构成的。这些要素分别从特定方面反映着社会主义职业精神的特定本质和基础，同时又相互配合，形成严谨的职业精神模式。

1.职业理想

社会主义职业精神所提倡的职业理想，主张各行各业的从业人员，放眼社会利益，努力做好本职工作，全心全意为人民服务、为社会主义服务。这种职业理想，是社会主义职业精神的灵魂。一般来说，从业人员对职业的要求可以概括为三个方面：维持生活、完善自我和服务社会。

2.职业态度

树立正确的职业态度是从业人员做好本职工作的前提。一个从业人员对待本职工作的积极性的高低和是否能够很好地完成工作，在很大程度上取决于他的职业态度。因此，树立正确的职业态度对于培育社会主义职业精神有着十分重要的意义。

3.职业技能

在社会主义现代化建设中，社会对从业人员职业技能的要求越来越高。社会不但需要科学技术专家，而且迫切需要受过良好职业技术教育的中、高级技术人员，管理人员和其他具有一定科学文化知识和技能的熟练从业人员。我国经济建设的实践证明，各级科技人员之间，科技人员和工人之间都应有恰当的比例。只有这样，生产建设才能顺利进行。

4.职业良心

职业良心是从业人员对职业责任的自觉意识，在人们的职业生活中有着巨大的作用，贯穿于职业行为过程的各个阶段，成为从业人员重要的精神支柱。职业良心能促使从业人员依据履行责任的要求，对其自身行为的动机进行自我检查，对其自身的行为活动进行自我监督。

5.职业信誉

职业信誉是职业责任和职业良心的价值尺度，包括对职业行为的社会价值所作出的客观评价和正确认识。从主观方面看，职业信誉鲜明地体现着"全心全意为人民服务"的职业理想和主人翁的职业态度。从客观方面说，职业信誉是社会对职业集团和从业人员的肯定性评价，是从业人员职业行为的价值体现或价值尺度。同时，职业信誉又要求从业人员提高职业技能，遵守职业纪律。

6.职业作风

职业作风是从业人员在其职业实践中所表现的一贯态度。从总体上看，职业作风是职业精神在从业人员职业生活中的习惯性表现。

第二节　职业化和岗位素养

每个人都是独立、鲜活、有差异的生命体，对未来都有美好的憧憬。但基于现实，我们很有可能会从事自己并不喜欢的工作。如果我们能够遵循入职匹配的原则，对职业和职场多了解一点，清楚地了解自己的能力、性格、气质和兴趣，就会有更多的机会选择既适合自己的个人特点，又比较喜欢的职业和岗位。

一、职业化

（一）职业、职场及职业人

1.职业

（1）职业的概念

职业是指人们为了谋生和发展而从事的相对稳定的、有收入的、具有专业技能的社会劳动。这种社会劳动是对人们的社会行为方式、经济状况、文化水平、行为模式、思想情操等方面的综合反映，也是一个人的权利、义务、职责的具体体现。职业是人类社会发展到一定阶段，出现了社会分工后的产物。人们通过参与社会分工，利用专门的知识和技能为社会创造财富和价值，同时获取报酬以满足自身的物质需求与精神需求。

社会性、经济性、规范性、稳定性、时代性和专业性是职业的基本特性，对职业概念的正确理解是开展职业生涯规划的先决条件。

（2）职业发展

近年来，随着社会的发展、职业指导与培训工作的深入，"职业发展"一词被广泛地提及。那么，什么是职业发展呢？

从组织学角度来说，职业发展是组织帮助员工获取目前及将来工作所需的技能、知识的一种方法。实际上，职业发展是组织对企业人力资源进行的有关知识、能力和技术的发展性教育、培训等活动。

从个人角度来说，职业发展是在自己选定的领域里，在自己力所能及的范围内成为专家。这里的专家指在某一领域具有丰富的经验、对该领域有深刻独到认知的人。

这里是从个人的角度去理解职业发展的含义，即使个人在选定的领域内成为专家，在某个岗位上做到最好，以获取成功的职业生涯。简言之，职业发展就是指导职业人如何做好工作，如何在自己的工作岗位上获得进一步的发展。

个人或处于就业准备阶段，或处于职业选择阶段，或处于工作阶段，或处于职业生涯结束阶段。在不同的阶段，由于受不同因素的影响，个体的职业发展会出现各种截然不同的结果。总的来说，影响职业发展的因素有个人因素和环境因素两个方面。

个人因素是影响个人职业发展的内因，在职业发展中起着基础性作用。通常来说，个人因素主要有职业取向、劳动能力、职业定位、人生阶段等四个方面。

环境因素是对个人职业发展起直接作用的外部因素，包括所从事的工作类型以及所在企业的发展规模、文化、管理制度、领导者的个人魅力等。

2.职场

（1）职场的定义

狭义上的职场是指开展职业活动的场所。广义上的职场除此之外，还包括与工作相关的环境、场所、人和事，以及与工作、职业相关的社会活动、人际关系等。

（2）职场的关键要素

职业定位。职业定位就是明确一个人在职业上的发展方向，它是人在整个职业生涯中的战略性问题也是根本性问题。职业定位包括三层含义：一是确定你是谁，你适合做什么工作；二是告诉别人你是谁，你擅长做什么工作；三是根据自己的爱好、特长、能力以及个性，将自己放在一个合适的工作岗位上。个人的职业定位是自我定位和社会定位两者的统一，是一个动态过程，需要结合个人职业生涯的不同阶段不断作出调整。

职业素质。职业素质是从业人员对职业的了解与其适应能力的一种综合体现，主要表现在职业兴趣、职业能力、职业个性及职业情况等方面。影响和制约职业素质的因素很多，主要包括受教育程度、实践经验、社会环境、工作经历以及自身的一些基本情况（如身体状况等）。从业人员能否顺利适应职场环境，取得职场成就，很大程度上取决于个人的职业素质。职业素质越高的人，获得成功的机会就越多。

职业意识。前文已详细介绍了职业意识，此处不再赘述。

职业规划。职业规划是对个体的职业生涯乃至其人生进行持续的、系统的计划的过程。在个体初入职场时，职业规划有助于使其认清自身发展的过程和事业目标。在此基础上，个体可将自己的事业目标作为选择职业与承担任务的依据，把相关的工作经验积累起来，准确地充分利用有关的机会与资源，指引自我不断进步与完善。科学的职业规划能够帮助个体准确评价自身特点，找到自身强项，评估个人目标和现状的差距，提供奋斗的策略，增强自身的职业竞争力。

职业发展。前文已详细介绍了职业发展，此处不再赘述。

（3）未来的职场

如今，在移动、互联、人工智能等技术的推动下，企业正在改变它的组织形态。相应地，未来的工作和职场也在被重新定义。一方面，市场环境瞬息万变，企业需要具备更高的灵活性和应变能力，让组织的能力可以随市场的需求快速延展或收缩，传统的组织形态和用人方式显然不能满足这一需求。另一方面，职场人士的心态也发生了变化。随着自由职业者全球化以及共享经济的盛行，"共享平台＋企业/个人"的经济组织方式在不久的将来将获得突破性进展。在未来，也许公司会消失，但是工作是不会消失的。

在未来,一些容易拆分且易于考核的短期业务将更多地以零工的形式流入企业外部的劳动力市场,与长期雇佣形式形成互补的态势。越来越多的个体供应商将成为企业人力资源中重要的组成部分。过去企业对员工的评估主要取决于员工与岗位所匹配的专业能力、专业知识,但随着时代的变化,针对员工雇佣价值的评价逐渐从过去的以"技能"为核心的单一评价,转变为了多维度的综合评价。

3.职业人

(1)职业人的定义

职业人是指具备较强的专业知识、技能和素质,通过参与社会分工为社会创造物质财富和精神财富,并获得报酬,在满足物质需求和精神需求的同时实现自我价值的职场人士。

(2)优秀职业人的素质

具备职业精神。职业人要想适应职场环境,必须具备明确的工作目标和强烈的责任心,有良好的职业态度,能踏实、高效地完成本职工作,塑造值得信赖的职业形象,能获得同事、上级及客户的信任。

良好的职场礼仪。优秀的职业人应当具备良好的职场礼仪,打造符合职业要求的形象,塑造良好的职业化行为,对外展现出良好的个人态度、个人修养、个人能力,同时也能代表组织的良好形象及管理水平。

良好的职业心态。优秀的职业人都拥有好奇心和求知欲,勇于面对挫折与挑战,勇于承担任务及责任,能够坦然接受失败,具备强大的抗压能力,善于解决问题、处理矛盾,化压力为动力。

过硬的职业技能。优秀的职业人需要具备持续学习的能力，优秀的团队协作能力，能够迅速融入团队的沟通与适应能力，足够专业与理智的自控能力，能够主动出击、创造机遇的执行力和行动力，敏锐的觉察能力以及较强的创新能力。

（二）人职匹配

在人力资源管理中，招聘者主要使用的是人职匹配理论。人职匹配理论就是关于人的个性特征与职业性质一致的理论，较有影响力的理论有特质因素论和霍兰德（J. Holland）的职业兴趣理论，这里重点谈一下后者。

就职业选择而言，兴趣是个人和职业匹配过程中最重要的因素，个人的职业兴趣特性与所从事的职业之间应有一种内在的对应关系。若个人所从事的职业对其具有巨大的吸引力，则可以在很大程度上提高其工作的积极性，最大限度地提高其工作效率，并促使他积极地、愉快地从事该职业。

大多数人可以被归纳为六种人格类型：现实型（特质：操作）、研究型（特质：逻辑思考）、艺术型（特质：创意表达）、社会型（特质：友善助人）、企业型（特质：影响说服、有领导力）和事务型（特质：严谨规律）。职业类型也可分为六种，分类名称及性质与上述人格类型分类一致。现实型，典型职业为制图员、机械装配工等；研究型，典型职业为科学研究人员、工程师等；艺术型，典型职业为导演、画家、作家等；社会型，典型职业为教师、护士、公关人员等；企业型，典型职业为政府官员、企业领导等；事务型，典型职业为秘书、会计、行政助理等。

一个人的行为表现，是由他的人格与他所处的环境交互作用决定的。人总是寻找适合个人人格类型的环境，锻炼相应的技巧与能力，在相匹配的环境，可以施展才能抱负、实现个人价值。人格类型与职业类型匹配度的高低，可以预测个人的职业满意度、稳定性及职业成就。

人职匹配的本质，就是人的信息与职业的信息之间的匹配关系。人与职业环境的匹配是形成职业满意度、成就感的基础。霍兰德提出的职业适配性，强调的是基于"我是谁"去做选择。人们在职业兴趣测试的帮助下，可以清晰地了解自己的职业兴趣类型和在职业选择中的主观倾向，从而在众多的机会中找到最适合自己的职业，避免盲目行为。尤其是对于刚毕业的大学生和缺乏职业经验的人，霍兰德的职业兴趣理论可以帮助他们更好地去做职业选择和职业规划。

（三）职业兴趣与职业性格

1.职业兴趣

兴趣是人们力求认识某种事物和从事某项活动并带有积极情绪的意识倾向。兴趣是在一定需要的基础上，在社会实践中发生和形成的，它在人的职业选择过程中具有重要作用，是进行职业选择的重要依据。人们在选择职业时，当外界环境限制较少时，更倾向于寻找与自己兴趣有关的职业。

职业环境的变化和社会生活的日益丰富、科学技术的发展、新行业和新职业的不断出现，都会对人的兴趣产生影响。有些人的兴趣一经形成就稳定不变，尽管以后其兴趣面不断拓宽，但始终保持原来的职业兴趣。有些人则职业兴趣多变，缺乏稳定性和持久性，对某一职业很容易发生兴趣，但很快又会被另一种职业兴趣所代替。只有稳定的职业兴趣才能推动个体深入理解问题，从而获得对其从事的职业系统且深刻的知识，奠定成功的基础。

2.职业性格

（1）性格的定义

性格是指人们在对人、事、物的态度和相应行为上表现出来的特征，它是一种个体内部的行为倾向，是相对稳定、具有核心意义的、与社会联系最为密切的个性心理特征。性格是一个人的职业素质中最核心、最具稳定性的内容。在职业发展中，一个人的性格也决定着其职业适应性和职业成就。

职业性格是指人们在长期特定的职业生活中所形成的与职业相联系的、稳定的心理特征，是个人内部的动力，也是决定个人在职场中的特征性行为的依据。

（2）性格类型与职业倾向

从个体心理机能上划分，性格可分为理智型、情感型和意志型。

从个体心理活动倾向性上划分，性格可分为内倾型和外倾型。

从个体独立性上划分，性格可分为独立型、顺从型、反抗型。

按人的行为方式，即人的言行和情感的表现方式，性格可分为 A 型性格、B 型性格、C 型性格和 D 型性格。

以荣格（C. G. Jung）的人格分类理论为基础的 MBTI 人格理论在全球范围得到了广泛的运用，与其相对应的 MBTI 职业性格测试是目前应用较为广泛的职业人格评估工具。

　　MBTI 人格可分为四个维度，每个维度有两个方向，共计八个方面，分别如下：

　　能量获取的方式：外向（E）—内向（I）；

　　信息获取的方式：感觉（S）—直觉（N）；

　　分析判断的方式：思考（T）—情感（F）；

　　行事的方式：判断（J）—知觉（P）。

　　综上，可以组合出十六种性格类型，如表 4-1 所示。

表 4-1　MBTI 十六种性格类型的特征和职业倾向

性格类型	特征	职业倾向
ISTJ	工作缜密、有责任心、讲求实际	管理者、执法者、会计、审计师、行政人员等
ISFJ	安静、友善、忠诚，有奉献精神，喜欢帮助别人	教育者、健康护理人员、宗教服务人员等
INFJ	正直坚定、富有理想、有洞察力、感情强烈	咨询服务人员、教育者、电影编剧等
INTJ	具有创意、能很快掌握事物规律、思维严谨、有怀疑精神、坚韧不拔	科学家、研究人员、工程师等
ISTP	容忍、冷静、坦率诚实、重视效率、善于观察、擅长分析	各类技术专家、技师、执法者、军人等
ISFP	敏感仁慈、沉静友善、喜欢有自我空间、灵活、易于相处、多用行为表达情感	健康护理人员、服务人员、机械维修人员、手工制作者等
INFP	敏感、理想化、忠诚、信仰坚定、具有忍耐力和适应性、有好奇心	艺术家、作家、咨询服务人员、社会工作者、社科类研究人员等
INTP	缄默超然、灵活易变、思维开阔、喜欢分析、善于理性思考	科学或技术研究人员、作家、设计师、艺术家等

续表

性格类型	特征	职业倾向
ESTP	活跃、率直友善、随遇而安、讲求实际、专注及时的效益、善于用行动解决问题	各类贸易商、零售商、房地产经纪人、保险经纪人、体育工作者等
ESFP	热情大方、乐于助人、擅长交际，喜欢具体的事实，富有灵活性、即兴性	销售人员、客户经理、表演人员、节目主持人、导游、社区工作人员、健康护理员、儿童保育员等
ENFP	乐观自信、富有创造性、好奇、乐于欣赏并支持别人、观察力强	儿童教育工作者、职业规划顾问、社会工作者、培训师、节目策划人、广告撰稿人等
ENTP	思维敏捷、喜欢变化与挑战、健谈、富有想象力、善于观察别人、能随机应变	投资顾问、市场营销人员、广告创意者、艺术总监、访谈类节目主持人、制片人等
ESTJ	传统、合群、高效、务实，善于分配和处置资源，喜欢制度分明、稳定的工作环境	大中型企业员工、业务经理、职业经理人、管理者等
ESFJ	友好、富有同情心和责任感、重视人际关系、果断坚定、谨慎、讲求实际	办公室行政或管理人员、秘书、医护人员、教师、学校管理者、银行、酒店、餐饮业管理人员等
ENFJ	温情、有同情心、关心他人、社交活跃、积极协助他人成长	销售培训员、职业指导顾问、心理咨询师、记者、节目主持人（新闻、采访类）等

（四）职业能力

1.职业能力的概念

关于职业能力概念的界定，到目前为止，理论界尚无统一的定义。从总体上看，职业教育界对于职业能力的概念都倾向于从综合能力的角度进行界定。我国教育部在《关于全面推进素质教育深化中等职业教育教学改革的意见》中也强调职业能力是综合职业能力，是一个人在现代社会中生存生活，从事职业活动和实现全面发展的主观条件，包括职业知识和技能，分析和解决问题的能力，信息授受和处理能力，经营管理、社会交往能力，不断学习的能力。心理学界则认为，职业能力是直接影响职业活动效率，使职业活动顺利进行的个体心理特征。这一定义作为能力的"下位"概念，虽然较为严密和科学，但比较抽象。笔者认同的职业能力的定义是个体从事职业活动所需要的综合能力，是个体进行职业活动所必须具备的知识、技能和态度在特定的职业活动或情境中进行类化迁移与整合，所形成的能够完成一定职业任务的能力。大学生必须参与特定的职业活动或模拟的职业情境，通过对已有的知识、技能、态度等进行类化迁移并得到特殊的发展与整合，才能形成职业能力。

2.职业能力类型与职业的关系

在日常生活中，"喜欢一件事"并不等于"能干好一件事"。"喜欢"是一种主观体验，而要想做好一件事需要主体具备相应的客观条件——职业能力。所以，在进行职业规划的时候，我们不能只考虑自己的兴趣，还要客观评价自己的能力。

任何岗位都有相应的岗位职责要求，一定的职业能力是胜任某种岗位的必要条件。因此，我们在择业时，首先要明确自己的优势及胜任某种工作的可能性。表4-2列举了一些职业能力类型与职业的关系。

表 4-2　职业能力类型与职业的关系

职业能力类型	特点	适合的职业
操作型	以操作能力为主，运用专业知识或经验，掌握特定技术或工艺，并形成相应的职业技能与技巧的能力	打字、驾驶汽车、种植等
艺术型	以想象力为核心，运用艺术手段来再现现实生活和塑造某种艺术形象的能力	写作、绘画、演艺、美工等
教育型	运用各种教育手段，传授知识和思想或组织受教育者进行知识与态度学习的能力	教育、宣传、思想政治工作等
科研型	以创造性思维为核心，通过实验研究、社会调查和资料检索等手段进行新的综合、发明与发现的能力	研究、技术革新、发明等
服务型	以较强的社会知觉能力和人际关系协调能力为主，借助人际交往或直接沟通使顾客获得心理满足的能力	商业、旅游业、服务业等
经营型或管理型	以决策能力为核心，能够广泛获得信息，并以此独立地作出应变、决策或形成谋略的能力	各行业的负责人
社交型	以人际关系协调能力为核心，了解人情世故，能够掌握人际吸引规律，善于周转、协调，并能使对方通力合作的能力	联络、洽谈、调节、采购等

从表 4-2 中我们可以看出，职业能力并不单一。同一个职业往往要求几种职业能力，不同职业之间也可能包括相同的职业能力。因此在高校，教师除了培养大学生的专业职业能力，还需要培养其一般的职业能力。只有这样，才能使大学生具备更强的职业适应力。

二、岗位素养

（一）岗位与岗位胜任

1.岗位

岗位是组织为完成某项任务而确定的由工种、职务等级性质所组成的工作位置，是个体承担一项或多项责任以及为此赋予个体权利的总和，它是社会经济技术发展的产物，是按照一定标准化分工，由具体职责和任务、岗位工作规范和员工上岗能力指标要求组成的集合体。它是企业员工从事活动或工作的载体，也是员工生存发展的平台。

2.岗位胜任

岗位胜任对员工的职业素养的要求一般包括两个方面（有些特殊岗位还有特殊要求），一是基本素养方面的要求，主要指社会主义核心价值观；二是基本技能方面的要求，主要指从事岗位活动和生产任务所具备的专业技能。

不同行业、职业和岗位的职业素养的核心价值是相同的，但是职业素养的核心内容是有一定差异的，如教师把教书育人作为职业素养的重要内容，而医生则把救死扶伤作为职业素养的核心内容。两者虽然有职业岗位的差异，但都具备社会主义核心价值观的共性素养。

（二）岗位的共性素养

1.社会基本素养

社会基本素养是人们生活于社会之中从事各种社会活动的基础，是社会和谐有序发展的重要影响因素。社会基本素养主要体现在社会主义核心价值观上。党的十八大以来，党和国家高度重视培育和践行社会主义核心价值观，习近平总书记多次作出重要论述、提出明确要求。社会主义核心价值观倡导富强、民主、文明、和谐，倡导自由、平等、公正、法治，倡导爱国、敬业、诚信、友善。富强、民主、文明、和谐是国家层面的价值目标，自由、平等、公正、法治是社会层面的价值取向，爱国、敬业、诚信、友善是公民个人层面的价值准则，这 24 个字是社会主义核心价值观的基本内容。

富强、民主、文明、和谐，是我国建设社会主义现代化国家的总体目标，也是从价值目标层面对社会主义核心价值观基本理念的总结，在社会主义核心价值观中居于最高层次，对其他层次的价值理念具有统领作用。

自由、平等、公正、法治，是对美好社会的生动表述，也是从社会层面对社会主义核心价值观基本理念的总结。它反映了中国特色社会主义的基本属性，是我党矢志不渝、长期实践的核心价值理念。

爱国、敬业、诚信、友善，是公民基本道德规范，是从个人行为层面对社会主义核心价值观基本理念的总结。它覆盖社会道德生活的各个领域，是我国公民必须恪守的基本道德准则，也是评价公民道德行为的基本标准。爱国是个人对自己祖国的深厚情感，也是调节个人与祖国关系的行为准则。它同社会主义紧密结合在一起，要求人们以振兴中华为己任，促进民族团结、维护祖国统一、自觉报效祖国；敬业是对公民职业行为准则的价值评价，要求公民忠于职守，克己奉公，服务人民，服务社会，充分体现了社会主义职业精神；诚信即诚实守信，是人类社会的优良传统，也是社会主义道德建设的重点内容，它强调诚实劳动、信守承诺、诚恳待人；友善强调公民之间应互相尊重、互相关心、互相帮助、和睦友好，努力形成社会主义的新型人际关系。

2.岗位职业素养

岗位职业素养和社会基本素养是不同的。岗位职业素养具有一定的职业个性，如救灾是社会责任，而爱岗敬业是职业责任。实践证明，社会基本素养和岗位职业素养有着内在的联动性。缺少社会责任感的人，岗位职业素养也不会高。岗位职业素养主要包括以下几个方面。

（1）岗位道德素养

岗位道德素养也称职业道德，是职业人最为重要的职业素质之一，是从业人员在生产活动中必须遵循的行为准则。岗位道德素养主要表现为爱岗敬业、奉献精神，以及质量效益意识和岗位意识，是从业者最基本的岗位素养。大学生从学校走向岗位，就要按照岗位道德素养的要求，不断提高对自己的要求。

（2）岗位担当素养

岗位担当素养，主要指岗位责任。具体来说，员工要为岗位任务担当、产品质量担当、企业发展担当、岗位规范担当，也要为问题担当。拖拉、不负责任，甚至推脱责任，都是岗位担当素养不高的表现。当企业在发展中遇到困难时，员工敢于担当是应有的素养。对大学生而言，择业就业就意味着岗位担当的开始。

（3）岗位服务素养

服务是将自己的劳动产品或劳务提供给对方的过程，简单来说，就是为自己以外的人或单位做事情。人在为别人提供服务的同时，也在享受别人的服务，因此岗位的服务意识不能少，尤其是服务型岗位，服务特性则更加突出。服务态度和服务品质是岗位服务素养的核心，所以我们应将岗位的服务质量和服务的有效性，作为提升岗位服务素养的永恒主题并不断强化。

（4）岗位安全素养

安全意识是岗位的第一要素。企业的工作规程和工作规范的重要功能，就是保证员工安全、岗位生产安全和产品质量安全。没有安全就没有效率和效益。保障安全是对社会、组织、家庭及自己负责任、尽义务。一人安全，全家幸福，社会安定。

（5）绿色环保素养

绿色环保素养就是关于人与人、人与社会、人与自然和谐相处的绿色知识、生态伦理情怀、绿色意识和绿色行为的总和。我们要建设的现代化是人与自然和谐共生的现代化，既要创造更多物质财富和精神财富以满足人民日益增长的美好生活需要，也要提供更多优质生态产品以满足人民日益增长的优美生态环境需要。当代大学生必须把绿色环保素养与解决实际问题相结合，真正做到学以致用，成为全球生态文明建设的重要参与者、贡献者、引领者。

（6）岗位学习与创新素养

当今社会，创新已成为国家、企业和员工个人发展的重要力量，也是社会竞争、岗位竞争的关键要素。大学生应培养自身的创新意识，提高自身的竞争力。近几年，众多企业把技能人才的创新素养作为人才岗位培训的重要内容。可以说，岗位创新素养是新一代青年人必须具备的素养。创新源于对学习和工作的钻研。当代大学生要让创新成为工作习惯。

（三）岗位胜任的基本能力

岗位能力是非常具体的，也是职业素养的基本内容。岗位能力不仅有类型之分，如会计师和建筑设计师、茶艺师和电工维修师等，也有层次之分，如技术工人可分为初级工、中级工、高级工、技师和高级技师五个等级，每个等级的岗位能力要求均有不同。管理岗位和技术岗位，能力要求差距也很大。因为刚毕业的大学生通常是进入技能型岗位，所以下面主要介绍技能型岗位的通用能力要求。

1.岗位专业能力

无论大学生学什么专业，将来选择什么岗位，都必须具备较强的专业能力，学好专业是学生的职责，是择业的本钱。即使在就业之后，也必须不断地提升自己的工作能力。如果毕业后所选择的岗位与专业不对口，那么应不断提升综合能力，拓展思路。一般而言，当代大学生学习新知识是不难的，主要看他们是否能打开思路、是否能找准学习方法以及学习的努力程度等。因为岗位专业能力的个性比较强，所以只能因岗、因人而异，学生要结合自己的具体情况加强专业训练。努力学习，夯实专业知识，是所有岗位能力训练必备的内容。

2.岗位学习能力

岗位学习能力是岗位专业能力的支柱。岗位胜任素质和胜任能力与学习能力密切相关，一个学习能力弱的人或学习意识淡薄的人，不可能有较强的岗位胜任能力，更谈不上岗位创新了。因此，对大学生而言，择业就业是人生岗位学习的开始，而不是学习的终止。

3.团队协作能力

大学生从学校进入企业，团队协作能力是必备的岗位能力。培养团队协作能力主要是学会在不同的位置上各尽所能，与其他成员协调合作，与同事进行有效沟通，具有包容心，善于发现别人的长处，不能对个人得失斤斤计较。

4.自我管理能力

对于一名新入职的毕业生来说，从管理能力方面来讲，主要是做好自我管理。岗位的自我管理能力是岗位发展的基础，也是团队建设的要素之一。自我管理包括自我学习的管理、工作时间的管理、岗位行为规范和岗位精神的培养等。一个不遵守纪律又不想学习的员工，不仅不能实现岗位发展，而且迟早会被社会淘汰。

5.岗位创新能力

具备了岗位创新意识，还必须锻炼岗位创新能力。想创新且有能力创新，这是新时代的企业对现代员工的客观要求，也是员工岗位发展的必然趋势，更是一名优秀员工的标志。大学生在校期间就应培养自己的创新能力，提升自己的竞争力，这样才能在岗位上得到更好的发展。

6.岗位沟通能力

沟通是人重要的生存和工作技能，岗位工作也需要与各方沟通才能完成。沟通就是员工之间交流思想和想法，互相理解，互通信息，解除误会，提高效率，使大家更加诚信，使组织更加协调。

第五章　新时代大学生劳动教育体系的构建

全面构建体现时代特征的劳动教育体系，意味着让学生接受扎实有效的劳动教育，强调以习近平新时代中国特色社会主义思想为指导，落实立德树人根本任务，把劳动教育纳入人才培养全过程，涉及家庭、学校、社会各方面，与德育、智育、体育、美育相结合，把握育人导向，遵循教育规律，创新体制机制，注重教育实效，实现知行合一，促进学生形成正确的世界观、人生观、价值观。

第一节　新时代大学生劳动教育的重要性

新时代大学生劳动教育立足于人的整体性，融合多学科知识，对人、社会和自然进行整合，将理论知识有机融入现实社会，对学生健全人格发展起着重要作用，具有树德、增智、强体、育美的综合育人价值，全党全社会必须高度重视，坚持立德树人，把劳动教育贯穿于人才培养的全过程。

一、劳动教育是全面培养体系的重要组成部分

新时代大学生劳动教育作为全面培养体系的重要组成部分，是整个教育体系的基础，与德智体美教育相得益彰，充分发挥了高校劳动教育的综合育人作用。

（一）德智体美育人体系的实践基础

其一，劳动教育是德育的实践基础。劳动教育教导学生准确解读和掌握我国社会主义核心价值观，使学生在劳动中形成热爱祖国、遵纪守法、诚信友善的良好品质。其二，劳动经验是智育的内容。就知识的本源来说，它是人类总结出来的适应客观世界的经验。其三，劳动教育是体育的基础。劳动教育与体育活动虽然有不同的表现形式和目的，但本质都是增进人的体质的重要方式。其四，劳动教育是审美教育的基础。人的审美是人的本性在实践活动中的表现。劳动教育引导学生在劳动中实现自身价值，实现对美的追求，产生对劳动创造美的认同感。

（二）体现德智体美教育的教育内容

新时代大学生劳动教育需要我们大力发挥劳动教育树德、增智、强体、育美的作用。劳动教育在高校教育体系中有着非常重要的地位，高校在建设劳动教育体系时应吸取德智体美教育的长处，使学生以德育中塑造的价值观念为指引，以体育中锻炼出来的坚强毅力和强壮体魄为基础，充分发挥在智育中学习

到的专业技能，在美育的熏陶下得出劳动成果，让学生在劳动过程中充分发挥自己的长处，真实体验劳动带来的幸福感和成就感。

（三）完善德智体美教育的培养目标

德育、智育、体育、美育和劳动教育各有自己的侧重点，不能彼此替代。新时代德育注重培养学生爱党、爱国、爱人民的情怀，使学生形成良好的道德品质，引导学生肩负起民族复兴的历史重任。新时代智育注重让学生掌握知识、发展智能，培养学生的创新思维。新时代的体育重点是在传授体育知识与技能的同时，培养学生的体育精神，增强学生的体质。新时代的美育侧重于培养学生的审美理念，以培养学生的人文素养为核心内容，培养学生良好的审美观念，注重提升学生的审美鉴赏力。劳动教育则把重点放在系统的科学知识与技能的教育上，注重传授劳动知识与技能。劳动教育在综合育人方面的作用，说明劳动教育是完善人才培养目标的独立平台，对高校人才培养有一定的促进作用。

二、劳动教育对德智体美教育有促进作用

新时代的高等教育是一个完整的系统工程，劳动教育发挥着"以劳树德、以劳增智、以劳强体、以劳育美"的重要作用。

（一）涵养学生的新时代劳动观

首先，新时代劳动观坚持以人为本的发展理念，继承和发展马克思主义劳

动观，帮助学生树立要幸福就要奋斗的理念，使学生形成所有劳动一律平等的观念。其次，新时代大学生劳动教育强调对学生进行社会主义劳动道德教育，引导学生厚植劳动情怀，涵养劳动品德，反对一切贪图享乐的错误观念，让学生从内心深处明白，那些妄想一夜暴富，通过歪门邪道的方式去致富的想法最终只会是竹篮打水一场空。最后，新时代大学生劳动教育不仅是从体力劳动层面去教育学生，还注重培养学生的劳动素质，是要让他们形成热爱劳动、辛勤劳动的积极态度，进而培养他们符合时代要求的劳动精神，并引导他们塑造正确的人生观、价值观，使得他们成为德才兼备的社会主义公民。

（二）帮助学生掌握劳动知识和技能

一方面，在今天的高等教育中，劳动教育使得学生可以在现实社会中掌握最基本的劳动知识和技能，丰富其知识，提升其专业技能，同时又能锻炼学生的创新思维，通过实际操作提升学生的智力。劳动者在劳动过程中实现自身智能的发展，并获得幸福感和成就感，有利于消除劳动者与自身劳动过程的异化现象。另一方面，劳动教育能为数字化、智能化的新时代培养出适应智能化岗位的新型人才。新型制造业在创造新的就业岗位的同时，也对劳动者的技能水平提出了更高的要求。新时代的劳动已经不再是单一的体力劳动，更多的是劳动与技术的结合，新时代大学生劳动教育能帮助学生掌握新型制造业所需的知识和技能，有利于学生的就业。

（三）促进学生的全面发展

一方面，劳动作为一项基础的活动，能够锻炼人的体魄，让校园中的学生参与劳动，能最为直接地帮助学生增强体质，强健体魄；另一方面，劳动教育可以让学生在劳动中形成良好的品质，在劳动中学会思考，进而享受劳动并在劳动中得到锻炼。校园中的学生在现实的劳动中会遇到各种各样的问题，正是这些经历不断磨炼他们的意志，培养他们的品质，最终促进学生的全面发展。

（四）帮助学生实现个人价值

劳动作为人类日常生活中最为基础的一项活动，直接体现着人的本质与审美能力。新时代大学生劳动教育则是大学生关于社会主义核心价值观的审美诉求的直接体现。让学生在劳动过程中明白劳动的价值，感受劳动的美好，有助于学生正确认识劳动和劳动者。大学生可以在多个场所体验劳动，在家中可以参与家务劳动，在校园中可以参与集体劳动，在社会中可以参与公益劳动，让他们体会到劳动者最美。因此，新时代大学生劳动教育可以加深学生对美的认识，从而起到"以劳育美"的作用。另外，劳动教育使学生认识到，劳动者只有通过劳动才能充分释放和展示人的本质，只有在劳动中才能实现个人价值和社会价值的统一。

另外，我们也应看到，在德育、智育、体育、美育中，方方面面都体现着劳动教育。深入挖掘德智体美教育中的劳动教育因素有利于实现全方位的以劳育人。

新时代背景下，德育的实质就是培育社会主义核心价值观，培养学生正确的劳动价值观和劳动态度，并将其运用到现实生活中。劳动教育不同于技术教育和职业教育，它以养成劳动品格为根本。德育让学生在理论层面真正认识到劳动在人类社会中的作用，从而使他们真正地崇尚劳动、热爱劳动，尊重劳动人民并珍惜劳动成果，最终也能投身于现实劳动。

劳动教育以生产劳动为手段，现代生产劳动的技术性越来越强，这就需要劳动者不断学习，掌握基本的劳动知识和技能，才能进行科学劳动，提高劳动效率。劳动者掌握基本的劳动知识和技能，既是劳动教育的任务，也是智育的任务。通过智育，学生具备了丰富的劳动知识和技术知识，掌握了最基本的劳动技能，能在最大程度上获得劳动体验，最终形成良好的劳动技术素养。

健康的身体是进行劳动的首要条件。劳动教育要借助身体才能实现，尽管智力劳动也是劳动，但劳动教育离不开体力劳动。通过体育锻炼，学生能提升体能，改善体质，促进身体健康发展，为参加生产劳动奠定良好的基础。

美育能帮助学生掌握美学的知识和原理，让学生具备欣赏美、表达美和创造美的能力，使他们能够在劳动中按照美育的规律创造出美的作品，享受美好生活。劳动之美，劳动者之美，是美育和劳动教育共同的资源，不仅有助于陶冶学生的情操，而且有助于培养学生的劳动意识。

第二节　新时代大学生劳动教育的
目标、原则及内容

前文已论述新时代大学生劳动教育的相关理论，在此基础上，还需要深刻剖析新时代大学生劳动教育的目标、原则和内容，为高校的劳动教育指明方向。

一、新时代大学生劳动教育的目标

新时代大学生劳动教育的目标是指通过高校劳动教育培养什么样的时代新人。进入新时代，青年一代的培养目标随着历史课题的改变被重新定位。党的十九大提出"培养担当民族复兴大任的时代新人"这一课题，明确了新时代高校的人才培养目标。高校是人才培养的重要基地，担负着向社会输送合格人才的重任。所以，高校劳动教育的目标与培养担当民族复兴大任的时代新人这一目标是一致的。

（一）培养全面发展的社会主义建设者和接班人

2019 年 3 月 18 日，习近平总书记在学校思想政治理论课教师座谈会上，针对思想政治理论课"培养什么样的人"这一问题，提出要"努力培养担当民族复兴大任的时代新人，培养德智体美劳全面发展的社会主义建设者和接班人"，首次把劳动教育纳入党的教育内容。

1.以劳树德

中国特色社会主义新时代的教育要全面贯彻党的教育方针，落实立德树人的根本任务。现阶段高校教育要以立德树人为目标，而实践是最好的德育，通过劳动教育，让学生在劳动中养成良好的行为习惯，培养学生的敬业精神、奉献精神，让学生形成坚持不懈、艰苦奋斗、精益求精的学习和生活作风，最终形成良好的品质和健全的人格。

2.以劳增智

科学技术的发展日新月异，社会的发展对劳动者提出了更高的要求，传统的劳动知识结构存在很多落后的地方。劳动教育能从理论和实践两方面，更新和完善大学生的知识储备，提升其劳动能力，为社会输送源源不断的新鲜血液。

3.以劳强体

如前文所述，劳动从类型上可以分为体力劳动和脑力劳动。无论是哪种类型的劳动，都可以让学生在实践中锻炼自我，使他们的个人能力、身体素质在实践中得到提升。

4.以劳育美

通过劳动能让学生在亲身实践中体验美、感受美，形成对事物价值的正确认识，养成良好的价值观。通过劳动教育能培养学生感受美、发现美的意识，体会劳动创造美的真谛，让学生真正从心理上感到劳动光荣、劳动崇高、劳动伟大，从而让学生愿意劳动、接受劳动、喜欢劳动、尊重劳动、崇尚劳动、自觉劳动。

劳动教育可以树德、增智、强体、育美，是培养全面发展的社会主义建设者和接班人的重要举措。这既是对时代新人的要求，也是新时代大学生劳动教育的目标之一。

（二）建设知识型、技能型、创新型劳动者

社会的发展对劳动者提出了越来越高的要求，劳动者除具备必需的劳动知识与技能外，更应是具备创新能力，有创新意识、创新思维和创造能力的人。

2018 年 5 月 28 日，习近平总书记在中国科学院第十九次院士大会、中国工程院第十四次院士大会上强调："中国要强盛、要复兴，就一定要大力发展科学技术，努力成为世界主要科学中心和创新高地。我们比历史上任何时期都更接近中华民族伟大复兴的目标，我们比历史上任何时期都更需要建设世界科技强国。"这一论述明确了科技对实现民族复兴任务的重要作用，明确了创新在建设世界强国中的重要作用，也为青年一代指明了努力的方向。

高校教育与大学生就职直接接轨，以大学生走向社会、服务社会为目标，因而高校人才的培养目标必须符合社会的发展需要。培养知识型、技能型、创新型劳动者是时代对青年一代的新要求，也是新时代大学生劳动教育的重要目标之一。

综上所述，新时代大学生劳动教育的目标，一是培养未来社会需要的合格人才，二是培养知识型、技能型、创新型劳动者。二者既有区别又有联系，共同服务于民族复兴大任对时代新人的新要求和新期待。

二、新时代大学生劳动教育的原则

教学原则指导和制约着教育活动，新时代大学生劳动教育的原则既要符合新时代国家对人才培养的新要求、新期待，又要符合新一代大学生身心发展的特点。新时代大学生劳动教育的原则包括思想性原则、系统性原则、发展性原则和创新性原则。

（一）思想性原则

新时代大学生劳动教育的内容包括劳动价值观、劳动情感、劳动意志（习惯）、劳动知识与能力等多个方面，每个方面相较于以往都有符合时代发展特点的新内容、新要求。它们的共同目的就是促进高校大学生劳动素养的综合提升。无论是劳动观念层面的尊重劳动、崇尚劳动，还是劳动情感层面的热爱劳动、诚实劳动、创造劳动；无论是艰苦奋斗精神、工匠精神及用劳动托起中国梦的劳动意志，还是实干兴邦的实际行动，都应始终坚持思想性原则，把爱国情怀厚植其中，把集体的利益、祖国的利益放在首位，热爱祖国、奉献社会，在促进自身全面发展的同时承担起新时代社会主义建设者和接班人的重任。

思想性是高校劳动教育的起点和初衷，没有了思想性劳动教育便失去了方向，也失去了意义。新时代大学生劳动教育的目标和内容必须在牢牢把握这一原则的基础上确定。

（二）系统性原则

教学应当是一个完整的、系统的过程。劳动教育与其他学科一样，在具体实施中需要构建整体的教学体系。这就要求高校的劳动教育要有自己的课程目标、课程计划、足够的课时、严格的管理制度，以及完善的考核系统和教学反馈机制等。也就是说，劳动教育要有自己的一套独立、完整的教育机制，这套机制要将新时代大学生劳动教育的内容——"一个精神"（以劳动精神为核心），"两个态度"（崇尚劳动、尊重劳动的基本态度），"三个行为"（辛勤劳动、诚实劳动、创造性劳动的行为规范），"四个观念"（劳动最光荣、劳动最崇高、劳动最伟大、劳动最美丽的价值观念）涵盖其中，并构成一个系统而完整的劳动教育培养体系。

另外，新时代大学生劳动教育的内容涉及学生劳动观念、劳动情感、劳动习惯、劳动意志、劳动技能等多个方面，是新时代高校培养全面发展的人，实现立德树人目标的重要影响因素。进入新时代，劳动教育更是被纳入人才培养的全过程，如何将劳动教育融入高校立德树人的目标，融入国家对人才培养的总要求，从而提升大学生的综合素质，是高校劳动教育需要思考的新问题。

高校劳动教育与学生之前学习阶段的劳动教育及未来就业方向是一以贯之的，因此，在高校劳动教育过程中，教学内容的设置、教学方法的运用不能与学生之前的教育经历割裂开来。此外，相关部门还要积极搭建高校与其他教育主体的沟通桥梁，明确劳动教育的目标和方向，统筹规划高校劳动教育的目标、原则、内容和措施，做到承前启后。

（三）发展性原则

劳动与劳动教育的概念由来已久，但是不同的时代对劳动者素质的要求不同，劳动教育的内容也随之发生着变化。新时代大学劳动教育的内容和手段无不体现着发展性原则。就劳动教育的内容来看，以往劳动在人们的观念中是苦力、体力的代名词，根据劳动形式的不同，劳动被分为体力劳动与脑力劳动，且二者界限分明。新时代背景下，新兴技术日新月异，社会服务形式多样，劳动形式更加多元，不仅有体力劳动、脑力劳动，还出现了虚拟劳动、服务型劳动、艺术劳动等。劳动教育方面，虚拟教学、慕课等种类丰富，快捷高效，这是传统劳动教育无法比拟的。上述新变化揭示了高校劳动教育内容与形式的新发展。

另外，新时代大学生劳动教育的目标也随着个体发展、国家发展发生了新的变化。新时代背景下，党和国家将劳动教育提到了全新的历史高度，相较于以往只是将劳动教育作为促进学生全面发展的有效途径，其地位有了质的提升。这自然离不开个体和国家的发展。个体层面，个人的发展体现在高校劳动教育的对象是具备新特点的年青一代，与过去一代在生活条件、思想觉悟等方面有很大的不同；国家层面，工匠精神、中国制造，劳动托起中国梦，实干兴邦等思想的提出，都对劳动者提出了更高的要求。在这些条件的驱动下，高校劳动教育必须遵循发展性原则，完善高校人才培养方案，为社会输送合格人才。

（四）创新性原则

劳动教育的性质和新时代大学生劳动教育的目标决定了高校育人必须注重发挥学生的主动性、创造性，新时代劳动教育特征与学生自身的特点也要求高校遵循创新性原则。

一方面，新时代对劳动者的创造性思维、创新能力有了新的要求，这要求学生学会思考，提升自身的创新能力。同时，新时代高校劳动教育有新的目标和内容，在对大学生进行劳动教育时要结合这些新的目标和内容，将时代的要求融入劳动教育体系中，不断充实、革新原有内容。

另一方面，新时代高校大学生自身的特点也要求劳动教育方式和手段的更新。新时代的大学生，物质条件较为充足，一些学生对艰苦的生活缺乏切身的体验，没有足够的劳动经历。另外，他们生长在网络时代，思想更前卫，因而相较于传统的教育模式，线上教育不仅便捷高效，而且更容易被他们接受。

因此，不管是教育对象，还是时代的发展都有其各自的特点，这就要求高校在进行劳动教育时遵循创新性原则，通过大数据、云计算、人工智能等技术，创新高校劳动教育的具体形式。

三、新时代大学生劳动教育的内容

近年来，学术界和理论界对于劳动及其相关概念的研究有增无减。大学生劳动教育是众多概念中较为具体的限定性概念，这些限定使大学生劳动教育具有了区别于其他概念的独特性。就对象而言，大学生劳动教育针对的是即将走上工作岗位的大学生。就教育内容而言，大学生劳动教育的主要内容为"一个精神""两个态度""三个行为""四个观念"，这些内容包括大学生劳动观、劳动情感、劳动意志、劳动习惯、劳动品质、劳动知识与技能等。就客观要求而言，大学生劳动教育具有新的时代属性。

（一）"一个精神"

"一个精神"是指劳动精神。劳动精神的内涵不仅仅是字面的意思，它与新时代强调的其他精神是内在统一的，如工匠精神、劳模精神、创新精神等。工匠精神说到底就是在劳动中精益求精、追求完美，要追求极致，要全神贯注、要创新。劳模精神就是要学习劳动模范的行为品格，培养大学生的劳动意志，说到底就是以劳动精神、创新精神、工匠精神、劳模精神、艰苦奋斗精神作为大学生劳动教育的价值取向，培养大学生敬岗爱岗、精益求精、追求极致、吃苦耐劳、不慕名利、甘于奉献、勇于创新的劳动品质。正如习近平总书记所说："希望我国广大劳动群众以劳动模范为榜样，爱岗敬业、勤奋工作，锐意进取、勇于创造，不断谱写新时代的劳动者之歌。"①这些劳动品格都是劳动意志的体现，是新时代劳动教育的重要内容。

意志本身是一个心理过程，是人们为了实现某种目的，对自身动机、决心的自我调节和控制。通过这样的心理过程，能够帮助人们迎接各种挑战，更好地实现人生理想。意志往往要受到认识的支配，意志发挥作用的过程是人们有

---

① 选自 2016 年 4 月 26 日习近平总书记在知识分子、劳动模范、青年代表座谈会上的讲话。

意识地确定目的，调节和支配行为，并通过克服困难和挫折，实现预定目的的心理过程，它通常表现为一个人的信心、决心和恒心。从这个角度来讲，我们持之以恒地做任何事都离不开意志的作用。劳动实践可以帮助人们磨炼坚强的意志。同时，意志活动也反作用于劳动实践，关系着劳动实践的最终结果，是整个劳动心理构建、劳动行为形成的关键环节。

劳动意志的缺乏一方面表现为半途而废，没有持之以恒的决心和面对困难百折不挠、迎难而上的勇气，另一方面表现为缺乏精益求精、严于律己、气定神凝、全神贯注的劳动品格。习近平总书记教育广大知识分子："要增强创新意识，敢于走前人没有走过的路，敢于抢占国内国际创新制高点。要把握创新特点，遵循创新规律，既奇思妙想、'无中生有'，努力追求原始创新，又兼收并蓄、博采众长，善于进行集成创新和引进消化吸收再创新；既甘于'十年磨一剑'，开展战略性创新攻关，又对接现实需求，及时开展应急性创新攻关；既尊重个人创造，发挥尖兵作用，又注重集体攻关，发挥合作优势。"[①]新时代对劳动者提出了更高的要求，创新逐渐引起全社会的关注。成功的道路没有捷径，创新的道路更是少有坦途，越是攻坚、越是专业、越是创新，越需要坚定的意志，需要百折不挠的精神。

（二）"两个态度"

"两个态度"是指崇尚劳动、尊重劳动的基本态度。劳动态度是指劳动者

---

① 选自 2016 年 4 月 26 日习近平总书记在知识分子、劳动模范、青年代表座谈会上的讲话。

心理上对劳动行为所产生的一种爱憎、荣辱、好恶等的情感体验，是劳动品格形成的条件和因素，在劳动者劳动品质的培养中起着重要的调节作用。新时代大学生劳动教育就是要帮助学生形成爱岗敬业、精益求精、脚踏实地、细心钻研、艰苦奋斗的劳动品质，培养学生热爱劳动、热爱创造的劳动情感。

新时代大学生大多生活条件优渥，部分学生对生活的艰辛缺乏切身的体验，也很少有机会体验生活的艰辛与不易。这就需要高校在进行劳动观教育时，把劳动者亲身的体验讲给学生听，让学生感悟劳动的价值与意义，帮助他们填补劳动体验的空白，引导他们热爱劳动。同时，要帮助学生建立起与劳动的情感纽带，让学生愿意劳动、主动劳动，这样他们才能干一行爱一行，干一行有一行的样子。

辛勤劳动是崇尚劳动品质的升华，表现在精神层面上就是艰苦奋斗，这也是大学生群体必备的素质。正如习近平总书记所说："广大劳动群众要勤于学习，学文化、学科学、学技能、学各方面知识，不断提高综合素质，练就过硬本领。要立足岗位学，向师傅学，向同事学，向书本学，向实践学。三百六十行，行行出状元。任何一名劳动者，无论从事的劳动技术含量如何，只要勤于学习、善于实践，在工作上兢兢业业、精益求精，就一定能够造就闪光的人生。"[1]劳动态度的确立是一个能动的过程，需要目标的驱动。个人层面上，得益于对人生目标的准确定位，并与具体劳动相结合；社会层面上需要有爱国情怀和责任担当，要有奉献精神和主人翁意识，将对劳动的情感上升为国家情

---

① 选自 2016 年 4 月 26 日习近平总书记在知识分子、劳动模范、青年代表座谈会上的讲话。

怀，这也是社会发展对大学生劳动教育的要求。

劳动态度不坚定在日常生活中表现为：价值取向功利化，一味追求所谓的"公平"，希望付出的劳动都得到即时回报；劳动态度消极化，对劳动实践活动抱有应付心态、得过且过；没有进取心，很少或者从不主动参与到整个劳动过程中，抱着"做好自己的就行了""各扫门前雪""多一事不如少一事"的态度，懒于应付实践中的难题等，这些都是新时代大学生劳动教育应避免的问题。高校要积极重视起来并采取有效措施，教育大学生树立正确的劳动态度和价值取向，教育大学生热爱劳动、热爱创造，通过劳动和创造播种希望、收获果实。

（三）"三个行为"

"三个行为"是指辛勤劳动、诚实劳动、创造性劳动的行为规范，这是对大学生劳动教育的新要求。理论是行动的先导，只有在新的劳动知识、新的劳动理论指导下，才能有新的作为。因此，在进行劳动教育时要特别注意促进大学生劳动知识与技能的更新。习近平总书记教育青年："广大青年要如饥似渴、孜孜不倦学习，既多读有字之书，也多读无字之书，注重学习人生经验和社会知识。'纸上得来终觉浅，绝知此事要躬行。'所有知识要转化为能力，都必须躬身实践。要坚持知行合一，注重在实践中学真知、悟真谛，加强磨炼、增长本领。"[1]劳动知识与技能训练就是既要学习劳动理论知识，包括基础知识、

---

①选自 2016 年 4 月 26 日习近平总书记在知识分子、劳动模范、青年代表座谈会上的讲话。

专业知识及其他相关知识，接受间接经验的熏陶，又要加强劳动技能训练，学习直接经验，将理论应用于实践，在二者的有效结合中提升个体劳动能力和水平。但无论哪种知识都是为了满足时代发展的需要，因而必须做到长学长新、长新长学。

首先，要掌握大学所学专业理论知识，这是形成专业技能的基础。这就要求大学生要严格要求自己，将所学知识系统化、体系化，而不是浅尝辄止、应付考试，真正让所学有所用，服务于将来的劳动实践。

其次，还要掌握一些劳动常识和基本劳动法律法规。例如，某大学调查了该校大学生对相关劳动法律法规的了解程度。在 476 份问卷中，认为"比较不了解"的人数最多，占调查总人数的 42%，认为"了解"的人数仅占调查总人数的 26.5%。最后校方得出结论，高校大学生掌握的相关劳动法律法规知识比较匮乏。可以看出，大学生对相关劳动法律法规还不够了解。因此，需要高校从两方面着手，一方面需要高校加强基本法律法规的普及工作，包括《中华人民共和国劳动法》《中华人民共和国劳动合同法实施条例》《中华人民共和国劳动争议调解仲裁法》以及一些常用的条文，如劳动法的适用范围，劳动合同订立的基本规定，劳动合同的履行、变更、解除与终止，劳动争议的处理等。另一方面，要结合新时代要求，根据劳动教育新政策，不断更新学生的知识储备。

最后，还要加强劳动技能更新训练。以教师为例，教师除了要掌握基础学科知识，还要掌握文化科学基础知识及教育学、心理学等多方面的理论知识。只有这样，才能在未来的劳动实践中有相对足够的理论储备，而不至于头脑空空。在这些知识中，劳动技能知识是更新最快的，又是不可或缺的，传统的面对面授课方式、多媒体教学，对大部分人而言已然不是障碍，新发展起来的虚拟课堂、慕课、微课等已经成为越来越受欢迎的教育形式，也必然是高校劳动教育发展的新趋势。所以，是否能利用先进的网络科技手段学习最新的科学文化知识，也将成为检验大学生劳动能力的重要指标。因此，高校劳动教育要特别重视劳动技能的更新，要着力提升大学生的实践能力、动手能力、创新能力，使大学生在知识、技能和创新方面得到全方位的发展，满足新时代对人才的需求。

（四）"四个观念"

"四个观念"是指劳动最光荣、劳动最崇高、劳动最伟大、劳动最美丽的价值观念。劳动观念即对劳动的认识和看法，它是大学生劳动能力锻炼、劳动行为养成的起点，直接关系着劳动教育的展开和实施效果。这也是为什么要将"尊重劳动"置于"四个尊重"之首。只有在树立正确的劳动观念，明白劳动在新时代的意义和价值，在尊重劳动、热爱劳动、崇尚劳动的理念下才能树立正确的职业观，形成岗位意识，为劳动实践夯实基础。

在新时代背景下，和谐的劳动关系越来越受重视，"光荣""崇高""伟大""美丽"成了人们形容劳动的关键词，劳动价值观也被重新定位。现实生活中，当代大学生的劳动观念存在以下几个方面的问题。

首先，个别大学生劳动意识淡薄，向往不劳而获、坐享其成、安于现状、得过且过的生活状态，这样的观念将直接影响大学生的择业观、就业观和创业观。现实中，一些大学生将劳动强度作为唯一的择业标准，向往轻松、自在的工作，个人价值的实现与所选的工作关联性不大。经常听到这样的话，"本来没打算做""先暂时做这个工作""虽然不是自己喜欢的，但是也算轻松"……人是有惰性的生物，本性好逸恶劳，但这仅仅是"本我"状态下的选择，人是有意识的，可以发挥主观能动性做出不同的选择。只要树立正确的劳动观念，纠正对劳动的错误认识，这些问题完全是可以克服的。

其次，"劳动不平等"观依然存在。虽然社会的发展使得脑力劳动和体力劳动的界线已不那么明显，但是旧的观念依然存在，个别大学生仍轻视体力劳动，认为脑力劳动优于体力劳动，看不起需要体力劳动的工作。

最后，部分大学生的价值取向功利化。一些大学生将高薪高酬作为唯一的择业标准，在这样的标准下，个人理想、喜好、职业追求和人生目标往往被抛到脑后。这些现状都是新时代大学生劳动教育不可忽视的问题。

因此，高校在对大学生进行劳动教育时，首要的一点就是要让大学生对劳动有正确的认识和看法，要让学生认识到劳动最光荣，帮助学生树立正确的劳动价值观，纠正错误认识和偏见，为大学生择业、就业、创业奠定心理基础。

第三节　新时代大学生劳动教育的
保障体系

新时代大学生劳动教育需要有完备的保障体系，具体包括课程保障、组织实施保障、评价保障和资源保障四部分。

一、新时代大学生劳动教育的课程保障

规范的课程是人才培养的核心环节，是实施劳动教育的重要依托。新时代大学生劳动教育课程不仅需要在横向上与其他学科进行深度融合，还需要在纵向上与中小学进行联动，构建一个系统的、全面的劳动教育课程。

（一）重视劳动教育必修课程

高校可以按照《中共中央　国务院关于全面加强新时代大中小学劳动教育的意见》（以下简称《意见》）的具体要求，构建高校劳动教育的课程体系，以保证大学生专业、系统地学习。高校要认识到，劳动教育是一个系统的工程，不能将其与其他课程体系相分离，要在开设课程时加强与其他学科的深度融合。

1.开设劳动教育必修课程

在德智体美劳全面培养的教育体系下，要将劳动教育作为一项重要的教学制度予以固化。学校要将劳动教育课作为一门必修课，纳入各专业的课程之中。此

外，还要编写具有学校特色的劳动教育教材，要根据不同专业、不同年级学生的身心发展情况，制定不同的教学目标和教学计划，形成分层次的劳动教育课程。

2.推动劳动教育与其他学科深度融合

新时代背景下，开展大学生劳动教育需要与其他学科进行融合，以此来达到优化劳动教育效果的目的。首先，可以将劳动教育课程纳入思想政治教育课程中。思想政治教育课程具有教育人、引领人和感召人的作用。在思想政治教育课堂中讲授劳动模范事迹，大力弘扬劳动精神，可以发挥劳动教育目标的思想道德引领作用。其次，将劳动教育融入专业课程。挖掘专业课程中的劳动价值属性和劳动目标指向，在完成知识传授和技能实训的过程中，塑造劳动价值观，培育劳动情怀。再次，劳动教育应与职业技能教育相结合。将劳动教育融入职业技能培训中，不仅可以发挥职业规划和就业指导课程在学生择业与就业上的指引作用，同时还可以凸显劳动价值，促进劳动效果转化。劳动教育组织者要结合学生专业特点和学生实际情况来设计劳动教育实践方案，通过实践锻炼提高学生的劳动技能，磨炼学生的劳动意志。

（二）实现劳动教育课程一体化

高校在设计劳动教育课程时，应将大、中、小学劳动教育视为一个整体，使大学生劳动教育与中、小学劳动教育相衔接。《意见》中明确指出，应"根据各学段特点，在大中小学设立劳动教育必修课程，系统加强劳动教育""根据教育目标，针对不同学段、类型学生特点，以日常生活劳动、生产劳动和服务性劳动为主要内容开展劳动教育"。以下为各学段的劳动教育要求。

1.小学

小学应明确制定劳动教育的课程目标和课程计划，并对学生每天课外劳动的时间作出具体规定。小学一到三年级是培养劳动意识的关键阶段，这一时段应注重对学生劳动意识的启蒙教育，使学生明白劳动最光荣的道理，使学生爱上劳动、主动劳动、珍惜劳动成果。劳动教育内容以个人生活起居为主，指导学生整理、清洗个人物品，进行简单的清扫，提高生活自理能力；带领学生亲近自然，引导学生关爱生命，热爱自然。小学四到六年级的劳动教育内容要以劳动习惯的养成为重点，在学生参加校园劳动和家庭劳动的过程中养成良好的劳动习惯。比如：引导学生主动参与家居清洁、收纳整理，培养学生的自理能力和自己的事情自己做的意识；带领学生体验农作物的种植、水果采摘，以及手工品的制作等简单的劳动，让学生懂得劳动的辛苦，明白劳动成果的来之不易。

2.初中

初中学校劳动教育的课程内容重点是增加学生的劳动知识和劳动技能，课程时间每周应不少于 1 课时，同时还要进行课外劳动。注重围绕生产劳动、服务性劳动来达到培养学生劳动意识、增强学生公共服务意识的目的。一是开展家庭性劳动。学校应让学生在家庭生活中主动承担衣物清洁、卫生清扫等劳动，着重培养学生的生活自理能力。二是开展生产性劳动。学校应组织学生适当体验包括农作物种植、收割等项目在内的劳动，以及布匹染色、木料雕刻、剪纸等传统工艺，让学生在劳动中初步获得职业观念。三是开展服务性劳动。学校应组织学生定期进行校园公共区域的清洁，定期开展养老院敬老、社区助残扶弱等公益性劳动，引导学生形成社会公德意识。

3.普通高中

普通高中劳动教育课时应保证每周不少于 1 课时，以丰富的职业体验为重点，组织学生开展日常生活劳动、生产劳动和服务性劳动，使学生在挥洒汗水、动手实践的过程中体会劳动的光荣，培养学生的劳动能力，养成自觉劳动的习惯，为日后服务社会、服务他人打下基础。一是不间断地进行日常劳动，巩固学生良好的劳动习惯。二是开展生产性劳动。学校应统筹劳动教育的相关内容，从工业、农业、服务业的项目中选择一项以上的生产劳动，组织学生学习传统工艺，培养学生在劳动中的自豪感，培养学生的职业规划能力。三是开展服务性劳动，学校应主动引导学生参加社区服务、社会援助、青年治理等社会公益性活动，强化学生的社会主体意识，培养学生的职业兴趣。

4.职业学院

职业学院的劳动教育课程应不少于 16 课时，此外还应结合不同专业的特点，以学校实训课为重要依托进行劳动教育，但也不能忽视劳动精神的培养。职业学院的劳动教育不应仅停留在培养学生的劳动意识层面，而应通过劳动教育使学生掌握一定的劳动技能，让学生能独立进行一定的劳动。一是让学生主动参与日常生活劳动，培养学生的自我管理的能力和意识。二是依托学习实训。学校可以通过与各大企业签订实习协议的方式，让学生参与到真实的生产服务劳动中，通过"在做中学"提高学生的技能水平，通过职业体验增强学生的职业认同感，并培养学生吃苦耐劳、爱岗敬业的劳动态度。三是引导学生参与校内外的公益性服务劳动，鼓励学生运用自己所学的专业技能来帮助他人解决难题，培育学生爱国爱民的情怀。

5.普通高等学校

普通高等学校的劳动教育不应少于 32 学时，要以必修课程为主要载体，同时向其他学科渗透劳动教育因素来进行劳动教育。普通高校的劳动教育要从马克思主义劳动观出发，结合学科特点开展生产性劳动和服务性劳动。学生在劳动过程中应树立正确的就业观和择业观，职业不分贵贱，注重培养学生为人民服务的观念，鼓励学生主动深入到贫苦地区和行业工作，为国家的脱贫攻坚事业贡献自己的一份力量；注重培养学生的劳动创造能力。一是引导学生在日常生活中养成良好的生活习惯，要求学生独立处理自己的事情，保持宿舍卫生。二是组织学生参加社会实践活动，使其将自身所学知识应用到实际生产过程中，同时也要鼓励学生不断学习新知识，使用新方法、新工艺进行劳动实践。三是要注重校内外的公共服务劳动，引导学生自觉参与到校园公共场所的清洁活动中，自觉参加学校组织的勤工俭学活动。

二、新时代大学生劳动教育的组织实施保障

完善新时代大学生劳动教育，需要一定的组织实施保障。高校要整合资源，协同推进，力求新时代大学生劳动教育工作科学有效。

（一）建立劳动教育组织实施的工作机制

劳动教育要想落到实处，科学高效，就必须在相关制度与政策的引领下，

建立劳动教育组织实施的工作机制。《大中小学劳动教育指导纲要（试行）》指出："学校要建立健全劳动教育组织实施的工作机制。明确主管校领导，设置机构或明确相关部门负责劳动教育的规划设计、组织协调、资源整合、师资培训、过程管理、总结评价等。"

1.建立分工明确的劳动教育组织管理体系

组织管理体系决定着劳动教育能否有效展开。育人是教育的根本任务，劳动教育既是育人的内容，又是育人的手段，它涉及学校的方方面面，如果管理体制不流畅，劳动教育的目标就很难实现。设立劳动管理机构时，可借鉴当前的思想政治教育管理体制，由学校的党委统一负责，建立学校劳动教育委员会，委员会成员是学校各部门的主要负责人，由委员会制定劳动教育的课程目标与课程实施方案，并由教务部门、组织部门来指导和监督劳动教育的落实情况，做到统一领导下的分工协作。

2.成立学校层面的劳动教育工作领导小组

劳动教育工作领导小组需统筹校内各学院的劳动教育课程建设，结合不同学院的学科特色制定总体规划和实施细则，为学院的劳动教育提供理论指导。要以劳动教育课为标准，选优、配齐劳动教育课专任教师和兼职教师，建立分工明确、权责分明的教育管理工作机制；加大对劳动教育课的资金投入力度，备齐学生上课所需的各类器材和装备；创新劳动教育课程的考核机制，重视考核结果，确保劳动教育课程取得应有的成效。

（二）加强劳动安全风险防范与管理

学校应把劳动安全教育和劳动安全管理作为劳动教育组织和实施的重要内容,提高学生的劳动安全意识,加强劳动安全教育和劳动安全管理制度建设。

其一,要根据不同年龄学生身心发展的特点,适当地调整劳动强度,保证劳动课题适应学生成长发育的特点。在实施劳动教育之前,各学校应重视师生的安全教育工作,培养其风险防范意识。

其二,科学地评估劳动实践活动中存在的安全风险,树立安全第一的理念。要仔细检查,及时排除劳动过程中可能存在的各种隐患,保障学生的安全。在劳动工具的选择、劳动材料的选用、劳动场所的选定过程中,制定严格、明确的规范,明确各责任主体的责任。

其三,要制订劳动风险的预防和管理计划,完善事故应急机制。为了保证学生在劳动过程中的身体和精神健康,必须特别注意劳动过程中可能存在的危险,相应的应急措施必须符合相关标准。各地区都要建立政府负责、社会合作、相关部门参与的安全管理和控制机制;建立政府、学校、家庭和社会全面参与的风险分散机制;鼓励学校在开展活动前购买相关保险,保障学生在劳动教育过程中的安全,保证活动的正常开展。

三、新时代大学生劳动教育的评价保障

科学公正的评价是确保劳动教育科学有效的重要途径,也是科学衡量新时代大学生劳动教育成果的内在要求。高校应制定具体的评价指标,全面、客观地记录劳动过程和结果，将劳动素养评价结果纳入学生综合素养评价体系中。

（一）设置劳动教育评价具体指标

《中共中央　国务院关于全面加强新时代大中小学劳动教育的意见》指出，开展劳动教育要"将劳动素养纳入学生综合素质评价体系，制定评价标准，建立激励机制，组织开展劳动技能和劳动成果展示、劳动竞赛等活动，全面、客观记录课内外劳动过程和结果，加强实际劳动技能和价值体认情况的考核"。给出劳动教育评价的具体指标，有助于全面、客观地记录学生在课内外劳动教育过程中的具体表现和反馈结果，为检验劳动教育成效提供科学依据。设置劳动教育评价的具体指标，需要明确课程目标和实际实施结果，及时对不足之处进行调整，修订部分教学内容，转变教学方式，从而达到理想的教育效果。

1.完善对学生劳动素养的评价

对学生劳动素养的评价主要包括学生参与劳动的积极性、参与性、实效性和劳动成果的转化程度，通过评价实现对劳动课程教育效果的全方位了解。

（1）知识指标

在知识指标上，重视劳动知识的培养，形成劳动知识学科体系。教师由易到难地向学生传授基本知识和技能，在重视劳动知识专业化、完整化的前提下，形成以学生素养为导向、课程发展为逻辑起点的课程设计准则，兼顾相关学科知识，加强与现实生活的关联性，融会贯通，实现知识创新。

（2）能力指标

在能力指标上，侧重能力的培养，注重劳动技能的实践应用。劳动教育课程的目的之一是让学生掌握基本的劳动技能，而技术能力的沉淀一方面源于学生的阅读能力、思考能力及表达能力，另一方面源于需要借助外在资源的针对性的技能训练。

（3）态度指标

在态度指标上，要重视培养学生的劳动态度，帮助学生树立正确的劳动观念。要落实立德树人的根本教育任务，劳动教育是不可忽视的内容。培养学生的劳动价值观、端正学生的劳动态度，是劳动教育的核心目标。态度目标的设定可以从劳动观念、劳动习惯、劳动品格、劳动精神等层面着手。

2.注重对教师能力的评价

劳动教育教师的能力关乎劳动教育的效果，因此要重视对劳动教育教师能力素质的评价。评价内容主要包括劳动教育教师的价值观念、专业功底、创新能力、心理素质和道德品质。教师的劳动价值观念会直接影响学生的劳动观念，教师应亲身示范，以正确的观念感染学生。教师的专业功底影响着劳动教育的效果，扎实的理论功底和技术水平能吸引学生积极投入到劳动教育实践中。教师的创新素养也很重要。教师是否善于发现问题，是否善于钻研问题，是否能积极探究各学科之间的关系，直接关系着劳动教育的效果。良好的心理素质和道德品质能帮助劳动教育教师在教育过程中从容应对突发状况，以身作则，以人格魅力感召学生。

3.加强对教学过程的评价

劳动教育重在过程，对劳动教育课程的评价主要包括课程目标、课程内容、实施方法、实施过程与实施结果，通过对劳动教育的全过程和结果的全程追踪、记录，能够了解学生劳动观念的转变情况，帮助学生提升劳动技能，同时了解劳动教育的效果和质量，为学生日后步入社会提供可参考的就业方向，为下一阶段的劳动教育工作提供参考。

（二）开展劳动教育过程监测与评价

为保证劳动教育的持续推进，高校要加强对劳动教育过程的监督，对学生的劳动素养进行监测，同时还要设立教育督导体系，并将劳动教育纳入其中，以便每一次相关实践活动过后都能及时得到有效的评价反馈，以便在学段结束时进行综合评定。

1.将学生劳动素养纳入评估体系

将学生劳动素养监测纳入高校教学质量评估之中，将劳动教育的目标、内容等评价指标作为考察依据。在劳动教育评价环节，注重过程性和生成性评价的有机结合，同时完善相关的评价标准，利用大数据、云平台等多种载体和现代化技术手段对劳动教育过程进行实时监测，在此基础之上进行评价。

2.落实对劳动教育全过程的评价

对劳动教育全过程进行评价，有利于细化劳动教育目标，把握劳动教育进度，研究日后劳动教育的方向。通过对劳动教育过程进行持续跟踪，能够及时发现过程中出现的偏差和问题，分析其原因，有效地进行反馈并提出改进措施，确保劳动教育各项举措落实到位。首先，在一般的劳动教育活动结束后要进行及时、有效的反馈评价，通过评价模式调动学生的热情，以此促进学生发展。劳动教育评价应覆盖多种类型的劳动教育活动，积极关注学生在实践活动中的真实情况，从学生平时的实践行为考量学生的劳动素养。以自我评价为主，同时辅以同学、教师、家长及服务单位的评价，指导学生进行改进。将劳动实践活动记录结果纳入综合素质档案，作为学生评优评先的重要依据之一。同时，教师依据教学的目标和内容，对综合素质档案加以分析，在兼顾必修课学习和课外劳动实践的基础之上，对学生个人的劳动观念塑造、劳动意识的形成、劳动能力的培养等各种发展状况作出综合评定。

（三）重视劳动教育评价结果

为了使学校真正落实劳动教育，发挥劳动教育的价值，学校对劳动教育的评价结果应该有所回应。应将学生的劳动教育课成绩纳入学生的学业成绩中，作为评奖评优及高校学生毕业的重要参考依据，还应建立劳动教育激励机制，对学生优秀劳动成果予以表彰，大力宣传先进集体和先进个人。

1.建立学分与综合素质测评相结合的评价机制

一方面，高校应根据高校人才培养计划给劳动教育分配一部分学分，在学生的学业成绩考核中加入劳动教育课的成绩。除此之外，将劳动教育课成绩记录在学生的档案中，建立严格的考核机制，将劳动教育成绩纳入毕业成绩考核中，如果学生的劳动教育课程不合格，则需要通过有力措施进行弥补，而对于那些多次不合格者，将要承担被取消学位证的后果。

另一方面，劳动教育的成绩应纳入学生综合素质测评体系中，在学生评奖、评优中占据重要地位。例如，设立劳动专项奖学金，激发学生对劳动教育的兴趣，增强学生参与劳动教育的主动性。同时，劳动教育还要注重理论与实践相结合，在丰富多彩的实践活动中考查学生对该课程理论的掌握情况，让学生在学习理论的同时对劳动实践有切身的体验。高校可以通过实践心得汇报、答辩交流等形式了解学生的劳动实践情况，让学生在学习理论知识的同时获得参与感，帮助他们塑造健全的人格。在评价体系中，不应以单一的自我主体评价为主，而应采取自评与他评相结合的原则。学生以书面的形式说明自己的实践内容、实践成果和实践心得；专业教师负责对学生的成长变化、学习态度等进行具体的评价。

2.建立健全劳动教育激励机制

对劳动教育教学成果进行展示，将其纳入各项教学成果的评奖范围，对优秀劳动成果予以表彰；开展丰富多彩的劳动教育成果展示活动，调动教师队伍的积极性，同时结合新闻媒体等多种载体大力宣传先进人物、模范人物的精神。

四、新时代大学生劳动教育的资源保障

新时代劳动教育的顺利开展需要专业的教师队伍，需要以劳动教育基地为依托，政府、学校和社会各界合力注入资金，为劳动教育提供必要的资源保障。

（一）劳动教育教师队伍

教师是人才培养的重要一环，高校加强劳动教育需要借助多渠道建设一支专业化、综合性、高素质的师资队伍，壮大师资力量。

一是根据实际劳动教育培养需要，对劳动教育的整体布局、具体操作和评

价落实进行长足规划。培养更多的劳动教育必修课教师，在学校和社会中进行教师队伍的选拔和组织工作，并给予充分支持以保证教师队伍的相对稳定性。高校要加强劳动教育培训，有条件的院校可以开设劳动教育培训小组；明确劳动教育的具体责任人，高标准、严要求地选择责任人，责任人需要具备一定的劳动教育知识和较高的道德修养。

二是教职工在具体教学中发挥着不可替代的作用，在教职工队伍中应注重发挥班主任、辅导员和导师的作用，该群体因为工作的特殊性更能接近学生，更易关注学生的发展状况。在此基础之上，合理利用共青团、党组织以及学生社团等各方面的力量，发挥群体的作用，共同开展劳动教育活动。在具体操作中，辅导员负责学生的劳动安全教育和考勤管理，教师则负责具体劳动任务的分配和成果验收等方面的工作。

三是合理借助家长及当地人力资源力量，聘请相关行业专业人士担任劳动实践指导教师，如可聘请"大国工匠"、劳模、企业技术能手等担任兼职教师。同时，为相关行业专业人士设立劳模工作室、技能大师工作室及荣誉教师岗位等，增强其归属感和群体责任感。在教师培训过程中应深入推广劳动教育，不应局限于学生群体，而应对全员进行培训，使劳动观念深入人心，使教师能够本着自觉、自愿、自主的原则进行劳动教育工作。在建设评价体系时，应建立健全劳动教育教师工作考核体系，对评价标准进行具体、明确的细分，通过各种方式对教师的工作量、实际工作完成度进行考核，将其作为教师职称晋升和岗位调动的重要依据。对那些在工作中有突出表现的教师，应给予充分的肯定并进行荣誉表彰。

（二）劳动教育基地

一方面，通过兴建劳动教育基地等方式，探索校际、校企的资源利用与共享机制，强化学校对社会劳动教育公共资源的利用，如根据学校所在地区的资源现状，建立农场实践基地、工厂实践基地、社区服务基地、综合实践教育基地等。地方教育行政部门和教研机构要开发具有地域特色的优质资源，丰富劳动教育资源。另一方面，处理好新建劳动教育基地与已有基地的关系，整合社会资源，充分发挥已有劳动教育基地的作用，拓展已有劳动教育基地的功能，实现各劳动教育基地的共建共享，减少资源浪费。

（三）劳动教育经费

各地区要统筹政府补助资金和学校自有财力，适当融合企业资金，通过多种形式筹措开展劳动教育活动的资金，以保证劳动教育过程中的成本投入，推进校内外劳动教育场所和实践基地的建设。

一是落实劳动教育设施专项经费保障制度。学校要规范劳动教育设施建设，建立劳动教育资源补给、工具补充、器材维护、耗材补充机制，为实施劳动教育所需要的师资培养、场地建设、耗材补给及工具维护、安全保险等拨发专项经费，加强劳动教育各项经费标准化建设，为劳动教育提供财力支持和设施保障。

二是在校园建设和修缮过程中考虑劳动教育的需要，优化校园空间布局和整体结构规划。在进行校园基础设施建设时，考虑学校劳动教育的要求，因地制宜，合理规划和建设校内劳动教育实践场所，如校内工厂、实验室、研发室等，为学生提供安全、便捷的劳动教育环境。

三是学校可以统筹政府公用经费和社会资金来开展劳动教育。可以采用政府购买学生劳动产品的方式激励学生，并广泛吸引社会企业为学校劳动教育投资，加强校企合作，争取社区和各部门的支持，为劳动教育提供实践场所和服务平台，拓宽劳动教育的发展渠道。

第六章　新时代大学生
劳动教育实践

　　劳动不能仅仅喊口号，要靠实干出真知。大学生劳动教育必须要和社会实践结合，同时也要与校内各职能部门密切配合，同频共振，统筹布局，分步实施，形成一个行之有效的育人机制。本章从新时代大学生劳动教育实践入手，为大学生劳动教育提供借鉴。

第一节　大学生家庭劳动实践

　　只有把人生理想融入国家和民族的事业中，才能最终成就一番事业。家庭作为个人成长的根基，家务劳动对个人的健康成长有着重要的影响。每个人不论年龄大小都是重要的家庭成员，这就要求每个人在家庭中都负起该有的责任。居室环境清扫、卫生保洁、衣物洗涤、食物制作、照料家人起居，这些都是最常见、最简单的家务劳动，也是学生在日常生活中必须掌握的生活劳动技能。

　　家庭劳动实践是通过家务劳动树立正确的劳动观念，养成劳动习惯，使每一个家庭成员都成为具有独立生存能力的、有责任感的社会人的过程。家庭劳动实践对培养健全的人格，促进人的全面发展，发展人的聪明才智具有重要作用。家庭劳动也是创造和谐家庭关系的有效手段，家庭美德也孕育在家庭成员的劳动中。

一、居家有净

干净整洁的房间，光线明亮、色彩柔和的环境，能使人产生恬静、舒畅的心情。自己动手，使用清洁设备、工具和药剂，对庭院、地面、墙面、顶棚、阳台、厨房、卫生间、门窗、隔断、护栏等进行清扫，对灶具、洁具、家具、电器、玩具、衣物、窗帘等家庭生活设施进行有针对性的消毒处理，既能锻炼身体，又可以愉悦心情。

具体步骤如下。

清场。将影响清洁作业的家具、工具等集中分类，放置到合适位置。垃圾清扫后转移到室外或倒进室内垃圾桶。

清洁墙面。掸去墙面浮尘。

清洁窗框。先铲除多余物，再用湿毛巾擦拭，最后用干净清洁巾擦净。

清洁窗户玻璃。清洁窗户玻璃的常用方法有擦窗器法、水刮法、搓纸法等。

清洁窗槽和窗台。首先用吸尘器吸出窗槽污垢，不易吸出的污物，用铲刀或平口工具配合润湿清洁布尝试清理，尽量使用废布。窗槽清理完毕，将窗台收拾干净。

清洁纱窗。可用水冲洗纱网，再擦净纱窗窗框，晾干后安装。

清洁厨房。依序清洁顶面、墙面、附属设施、橱柜内部、橱柜外部、台面、地面（如果厨房为清洁使用水源地，厨房地面可安排在后期进行）。

清洁卫生间。依次清洁顶面、附属设施、墙面、台面、洁具。

清洁卧室、客厅、餐厅、书房、阳台，主要包括开关、插座、供暖设施、柜体、家具等的表面清洁。

清洁踢脚线。踢脚线上沿吸尘，然后擦净。

清洁门体。顺序是门头、门套、门框、门扇、门锁。

二、衣之有型

清洗、整理衣物是家庭劳动的重要内容之一，洗衣前要根据面料区分水洗与干洗、手洗与机洗；按衣物颜色、干净程度、服装面料、内衣与外衣进行分类；同时要对容易褪色的衣物单独分类。

用洗涤剂溶液洗涤前一般应分类将衣服进行短暂浸泡。浸泡分清水浸泡和洗涤剂溶液浸泡，洗涤剂溶液浸泡效果较好，但容易使深色和易褪色的衣物掉色。丝绸、毛料以及不太脏、易褪色的衣物不能浸泡，要直接洗涤；深色衣物只能用清水浸泡，不能放入洗涤剂溶液中浸泡；使用时间较长、脏污与织物结合比较牢固的衣物，如床单、工作服等在洗涤之前可浸泡，但浸泡时间不要太长，15～20分钟即可；脏污过分严重的衣物可适当延长浸泡时间，使污垢软化、溶解，提高洗涤质量。

手工洗涤方法如下。

拎。用手将浸在洗涤液中的衣服拎起，然后再放下，使衣服与洗涤液发生摩擦，衣服上的污垢被溶解除去。拎的摩擦力非常小，适合洗涤质地较软、仅有浮尘或不太脏的衣物。在过水时大多采用拎的方法。

擦。用双手轻轻地来回擦衣物，以加强洗涤液与衣物的摩擦，使衣物上的污垢易于除去，这种方法一般适用于不宜重搓的衣物。

搓。用双手将带有洗涤液的衣物在洗衣板上搓擦，以便衣物上的污垢溶解，适用于洗涤较脏的衣服。

刷。利用板刷的刷丝全面接触衣物，进行单向刷洗。一般用于刷洗大面积沾有污垢的部分。衣物的局部去渍，也常用刷的方法，只是所用的刷子是小刷子。根据衣物的脏污程度，刷洗时摩擦力可自由掌握。

揩。揩是用毛巾或干净白布蘸洗涤液或去渍药水，在衣物的局部污渍处进行揩洗的方法。

三、陪伴有爱

孝与感恩是中华民族传统美德的基本元素，包括敬养父母、养育后代、夫妻扶持、兄友弟恭、邻里互助、缅怀先祖等内容。中国传统文化强调幼敬长、下尊上，要求晚辈尊敬老人，子女孝敬父母，爱护、照顾、赡养老人，使老人颐养天年，享受天伦之乐。随着时代进步和社会发展，孝与感恩更多地体现为对家人的关爱、陪伴和照顾，已经成为个人政治品德、社会公德、家庭美德的基本元素。

（一）照料老人

饮食方面。要根据老人消化特点，注意膳食营养，主动协助用餐、饮水，为不能自理的老人定时喂食和喂水。

安全方面。要营造安静、清洁、温度适宜的休养环境，防止老年人跌倒、噎食、误吸、损伤，帮助老人适当进行活动。

卫生方面。要定期帮助老年人整理个人物品，清洁平整床铺，更换床单，协助老年人清洁口腔、洗脸、洗手、洗头（包括床上洗头）、洗脚、擦浴。定时提醒老人上厕所，帮助不能自理的老人进行排便、排尿，及时清除排泄物。

关爱方面。要营造良好的人际环境，保护老年人的隐私，维护老年人的自尊，多与老年人沟通交流，在精神上给予关心。

仪容仪表方面。要定期帮助老年人梳头、剪指甲、理发、修面，协助他们穿脱衣裤、帮助他们扣纽扣等。整洁的仪容仪表能让老年人保持良好的精神状态。

（二）病人陪护

如果出现亲人生病需要住院的情况，我们要主动承担起日常陪护的责任，为家人分忧解难。一般情况下，入院后，我们首先要认真浏览医院的入院须知，细致了解所住科室和医院的基本情况，熟悉住院药房、交费处、查账处、洗澡间、消防通道等位置的布局；同时，要主动与管床医生、护士取得联系。协助医护人员观察病人体温、脉搏、面色、呼吸、血压和小便等，及时向医生、护士反映病人状况。陪护病人时，需要照料的日常起居一般包括以下方面。

协助病人起床、洗脸、洗手、刷牙、漱口、梳头等。

协助病人进餐、饮水、加餐等。

清洗病人使用过的餐具。

协助病人排泄大小便。

晚上睡觉前为其洗脚或泡脚，并协助其入睡。

协助医护人员观察病情。

协助病人按时、按量服药。

协助病人下床活动或散步。

陪伴其做各种检查。

进行必要的心理疏导。

整理病床、床头桌的卫生。

清洁其个人用品和衣物。注意衣物的清洁和消毒方法，对衣物和便器等用品进行清洁、消毒，并妥善保管。

（三）家庭护理常识

生命体征包括体温、脉搏、呼吸、血压，它们是标志生命活动存在与质量的重要象征，是评估身体的重要指标之一。在进行家庭护理时，需要掌握这些基础的生命体征的测量方法。

1.测量体温

协助被测家人解开衣物，擦干腋下汗渍，将体温计水银端放置于其腋窝深处，贴紧皮肤、屈臂过胸夹紧，过 10 分钟以后取出体温计。正常人的腋下温度是 36 ℃～37 ℃，超出这个温度范围就是发热。

2.测量脉搏

协助被测家人手臂放松，要求其手臂向上，然后我们将自己的食指、中指、无名指的指端放在其桡动脉表面，计数 30 秒，正常成人 60～100 次/分，老年人可慢至 55～75 次/分。

3.测量血压

被测量者坐在椅子上，手臂放在高度与心脏平齐的桌面（被测者如平躺在床上，手臂自然平放），安静休息 5～10 分钟，然后开始测量。用合适大小的袖带绑于上臂中部，袖带的下缘应该距离肘窝 2～3 厘米，袖带的松紧应该适宜，以能伸进去一根手指为准。如果是电子血压计，需要把血压计放在与心脏水平位置，按"开始"键测量。如果是水银血压计，需要把听诊器头放到肘窝动脉搏动的地方（而不是塞进袖带），充气使水银柱升高到动脉搏动声音消失的 40 mmHg 以上，再开始缓慢放气，用听诊器听诊并读取动脉搏动声音出现时的刻度（收缩压）和消失或者减弱时的刻度（舒张压）。

四、食之有味

中国的饮食文化博大精深、源远流长，浓缩着几千年劳动人民的智慧，是人们在长期的生活实践中创造出来的。制作家庭菜肴既是一项基本的生活能力，也是一种积极的生活态度。主动摒弃不良饮食习惯，制订一份假日菜单，利用假期亲手给家人做几顿可口丰盛的饭菜，陪伴家人一起吃自己做的饭菜，让家人与你共同品尝成长的"味道"。

（一）家庭营养膳食原则

国家相关研究机构曾提出中国正常人群膳食十大原则，即食物多样，粗细搭配；多吃蔬果，不忘薯类；每天要吃奶类、大豆；适量进食鱼、禽、蛋、瘦肉；饮食清淡，少油、盐；食不过量，天天运动；三餐合理，零食适当；足量饮水，少喝饮料；饮酒限量，忌空腹饮酒；新鲜卫生，少吃剩饭。我们可以参照国家膳食原则合理烹制自己和家人的膳食。

（二）家常菜肴制作

家常菜是指家庭日常制作和食用的菜肴，它是中国菜的源头，也是地方风味菜系的基础。它是家庭利用现有的食材就可以炒制出来的菜肴，具有操作简便、用料简单、成本低廉的特点。家常菜肴不仅美味，而且名字也非常讲究。例如，虎皮青椒，并不是真的用虎皮炒青椒，而是因为用油锅爆炒过后青椒的表皮会呈现像虎皮一样的褶皱，因而被称为虎皮青椒。甚至在一些菜名的背后，还流传着许多有趣的故事。例如，麻婆豆腐，清朝同治元年（1862 年），在成都万福桥边，有一家店面，店主早殁，小饭店便由老板娘经营，女老板面上微麻，人称"陈麻婆"。陈氏烹制豆腐有一套独特的烹饪技巧，烹制出的豆腐色香味俱全，深得人们喜爱，她创制的烧豆腐，则被称为"陈麻婆豆腐"，其饮食小店后来也以"陈麻婆豆腐店"为名，流传至今。

（三）家常主食制作

在日常饮食中，主食占有特别重要的地位，它不仅能吃饱肚子，而且也能提供许多身体所需要的营养元素。主食的种类很多，能满足不同人群对饮食的需求。这里简要介绍蒸米饭的基本做法和注意事项。

1.基本做法

米饭的基本做法分为以下两步。

将米洗干净，放入用来蒸米饭的容器中，加入清水。

盖上盖后，放在火上或插上电即可。

2.注意事项

注意事项有以下四点。

（1）洗米

记住洗米不要超过 3 次，超过 3 次后，米里的营养就会大量流失，这样蒸出来的米饭香味也会减少。

（2）泡米

先把米在冷水里浸泡半个小时，这样可以让米粒充分地吸收水分。这样蒸出来米饭会粒粒饱满。

（3）米和水的比例

蒸米饭时，米和水的比例应该是 1∶1.2。有一个特别简单的方法来测量水的量，即用食指放入米水里，水不可超过食指的第一个关节。

（4）增香

如果家里的米是陈米，没关系，陈米也可以蒸出新米的味道。就是在经过前三道工序后，在锅里加入少量的精盐或烧熟并晾凉的花生油。

第二节　大学生学校劳动实践

学校劳动主要涵盖与校内劳动相关的生态文明、内务整理、值日保洁、学习整理等方面的重要技能，注重引导学生积极参加校内劳动实践，强调在亲身劳动经历中习得劳动知识、学会劳动技能、培育劳动情感、提升劳动素养，形成吃苦耐劳的品格。

一、校园清洁

学校校园清洁的范围一般包括教室、楼道、走廊、图书馆、宿舍、会议室等，这些地方的清洁需要师生共同努力，保持校园清洁需从细节做起。在这里我们重点说一下室内清洁和休闲空间、走廊的清洁。

（一）室内清洁

校园室内空间一般指教室、实训实验室、办公室、会议室、接待室、资料室、档案室、图书馆、机房、仓库、宿舍等，需要清洁的主要有天花板、墙面、黑板、门窗、玻璃、桌椅、柜子、讲台、地面、床铺等。

1.室内清洁的基本流程

进行检查处理。进入室内，先查看是否有异常现象、有无损坏的物品。如发现异常，应先向学校有关部门或教师报告后再进行清洁作业。

进行除尘处理。除尘要按照先里后外、先上后下、先窗后门、先桌面后地面的顺序，先清扫天花板、墙角的蜘蛛网和灰尘，接着清扫窗户、玻璃、门面的灰尘，实验器材等设备挪动后要原位摆好。

进行擦抹处理。擦抹应从门口开始，由左至右或由右至左，依次擦抹室内桌、椅、柜子、讲台和墙壁等。抹布应拧干，擦拭每一件物品时，应由高到低、先里后外。擦墙壁时，重点擦拭门窗、窗台等。操作时，先将湿润的涂水毛头（干净的）装在伸缩杆顶部，沿顶部平行湿润玻璃，然后以垂直下落法湿润其他部分的玻璃，再用干净的抹布擦干净窗框及窗台，最后用干燥无毛的棉布擦净玻璃四周和中间的水珠。大幅墙面、天花板等的清洁为定期清洁（如每周清洁一次）。

进行整理归置。讲台、桌面、实验台上的主要用品，如粉笔盒、黑板擦、实验器具等，抹净后按照原位摆放整齐。

垃圾清倒处理。按照垃圾分类方法，收集垃圾，并清理室内的纸篓、垃圾桶，及时更换垃圾袋。

清洁结束后，参与清洁的人员退至门口，环视室内，确认清扫质量合格，然后关窗、关电、锁门。

2.室内清洁质量标准

室内整体干净、无灰尘。

桌椅设备摆放整齐。

桌面无乱涂、乱画痕迹。

地面没有污渍和垃圾。

墙面无张贴、张挂乱象。

窗户明亮，空气清新。

（二）休闲空间和走廊的清洁

校园学习休闲的空间一般有室内敞开式休息间、走廊过道、楼梯平台、报告厅、礼堂、门厅等，需要清洁的有天花板、墙面、窗户、玻璃、桌椅、柜子、地面等。

1.休闲空间和走廊的清洁流程

进行检查处理。进入各种休闲空间后，先查看是否有异常现象、有无已损坏的物品。如发现异常，应先向有关部门或教师报告后再进行清洁作业。

进行清扫处理。先用扫把对地面进行清洁，清扫烟头、纸屑、灰尘等。

进行擦抹处理。从门口开始，由左至右或由右至左，依次擦抹室内桌椅、柜子和墙壁等。抹布应拧干，擦抹每一件物品时，应由高到低，先里后外。擦墙壁时，重点擦拭门窗、窗台等。操作时，先将湿润的涂水毛头（干净的）装在伸缩杆顶部，沿顶部平行湿润玻璃，然后以垂直下落法湿润其他部分的玻璃。再用干净的抹布擦干净窗框及窗台，最后用干燥的无毛棉布擦净玻璃四周和中间的水珠。大幅墙面、天花板等的清洁为定期清洁，比如每周清理一次。

进行整理归置。桌椅、柜子等擦干净后，按照原位摆放整齐。

垃圾清倒处理。按照垃圾分类方法，收集垃圾，及时更换垃圾袋。

进行除尘处理。用拖把清洁地面，按照先里后外，先边角、桌下后地面的顺序进行除尘作业。清洁结束后把桌椅、柜子等物品恢复原位，摆放整齐。

2.休闲空间和走廊的保洁质量标准

地面干净无污渍。

没有垃圾和积水。

墙面干净无灰尘。

桌椅干净摆整齐。

门窗干净很明亮。

二、环境美化

（一）无烟校园

学校是学生健康成长的场所，中华民族的伟大复兴需要我们拥有健康的体魄，而吸烟会导致各种疾病，包括肺癌、支气管炎、肺气肿、肺心病、缺血性心脏病和其他心血管疾病、胃和十二指肠溃疡。吸烟者的死亡率高于不吸烟者。有体检表明，吸烟学生的身高、胸围、肺活量都比不吸烟的同年龄学生低。另据长期观察证实，吸烟学生的灵活性、耐力、运动成绩、学习成绩和组织纪律性都比不吸烟的学生差，所以我们每个人都应从自身做起，自觉远离烟草，营造无烟校园环境。具体可以采取以下措施。

不在宿舍、教室、卫生间、餐厅、操场等校园公共场所吸烟，自觉远离烟草，追求健康生活。

增强自我控制能力，自觉抵制诱惑，坚决不接受敬烟，自觉维护自身良好形象。

积极参与禁烟宣传。如果看到他人吸烟，为了自己和大家的健康，请对其进行友好的提醒和劝诫，让更多的人远离烟草。

树立社会责任感和使命感，为无烟的和谐社会贡献力量。

（二）低碳校园

"节能减排"不仅是当今社会的流行语，更是关系到人类未来的战略选择，而低碳校园是指在校园里提倡"无纸化教学"，即减少教学过程中对纸质书本的使用，加大电子化教学的力度，从而达到环保的目的。为了创建节能减排的低碳校园，我们可以从校园中的以下小事做起。

用纸巾，重拾手帕，保护森林，低碳生活。

每张纸都双面打印，相当于保留下半片原本将被砍掉的森林。

随手关灯、关闭开关、拔插头，这是第一步，也是个人修养的体现。

低层不坐电梯，爬楼梯，省下大家的电，换自己的健康。

绿化不仅是去郊区种树，在校园种些花草也可以。

少用塑料袋，一个塑料袋5毛钱，但它造成的污染是非常严重的。

在校用餐，不要浪费。

总之，对于我们每个普通人来说，这不仅是一种生活态度，更是一种生活方式，同时也是一种可持续发展的环保责任。

三、垃圾分类

垃圾分类，一般是指按一定规定或标准将垃圾分类储存、分类投放和分类搬运，从而转变成公共资源的一系列活动的总称。垃圾分类的目的是提高垃圾的资源价值和经济价值，力求物尽其用。

（一）垃圾种类

从国内外各城市对生活垃圾分类的方法来看，大致都是根据垃圾的成分构成、产生量，结合本地垃圾的资源利用和处理方式来进行分类的。

1.可回收物

可回收物主要有废纸、塑料、玻璃、金属和布料五大类。

废纸：主要包括报纸、期刊、图书、各种包装纸等。但是要注意纸巾和厕所用纸由于水溶性太强不可回收。

塑料：即各种塑料袋、塑料泡沫、塑料包装、一次性塑料餐盒餐具、硬塑料、塑料牙刷、塑料杯子、矿泉水瓶等。

玻璃：主要包括各种玻璃瓶、碎玻璃片、镜子、暖瓶等。

金属物：主要包括易拉罐、罐头盒等。

布料：主要包括废弃衣服、桌布、洗脸巾、书包、鞋等。

这些垃圾通过综合处理回收利用，可以减少污染、节省资源。例如，每回收 1 吨废纸可造好纸 850 千克，节省木材 300 千克，比等量生产这些纸张减少 74%的污染；每回收 1 吨塑料饮料瓶，可获得 0.7 吨二级原料；每回收 1 吨废钢铁，可炼好钢 0.9 吨，比用矿石冶炼节约 47%的成本，减少 75%的空气污染，减少 97%的水污染和固体废弃物。

2.厨余垃圾

厨余垃圾是有机垃圾的一种，包括剩菜、剩饭、菜叶、果皮、蛋壳、茶渣、骨头、贝壳等，泛指家庭生活饮食中所需用的来源生料及成品（熟食）或残留物。经生物技术就地处理堆肥，每吨可生产 0.6～0.7 吨有机肥料。

3.有害垃圾

有害垃圾指含有对人体健康有害的重金属、有毒的物质或者对环境造成现实危害或者潜在危害的废弃物，包括电池、荧光灯管、灯泡、水银温度计、油漆桶、部分家电、过期药品、过期化妆品等。对这些垃圾一般进行单独回收或填埋处理。

4.其他垃圾

其他垃圾主要包括砖瓦陶瓷、渣土、卫生间废纸、瓷器碎片等难以回收的废弃物。其他垃圾危害较小，但无再次利用价值，是处理可回收垃圾、厨余垃圾、有害垃圾后剩余下来的一种垃圾。一般采取填埋、焚烧、卫生分解等方法进行处理，部分还可以使用生物降解法进行处理。

（二）学校的垃圾分类

作为学校，垃圾分类既是培养高素质人才的需要，也是创建文明、生态校园的需要，是利在当代、功在千秋的事业。

1.分类模式

根据学校的实际情况，按照当地所在省市规定的可回收物、厨余垃圾、有害垃圾、其他垃圾四种类别将生活垃圾进行分类。校园施工产生的建筑垃圾、绿化垃圾以及实验室危险废弃物垃圾等按照相关规定进行处置，严禁混入生活垃圾处理。

2.分类与收集流程

学校和个人应当按照规定的时间、地点，用符合要求的垃圾袋或者容器分类投放生活垃圾，不得随意抛弃、倾倒、堆放生活垃圾。

学生公寓、宿舍垃圾分类收集流程。将宿舍的剩菜剩饭滤出水分后装袋投放至室外厨余垃圾桶，不得混入贝壳类、木竹类、废餐具等不利于后期处理的杂物；其他类别的垃圾分类装入相应的垃圾袋中，并就近投放到室外相对应的垃圾分类桶内。

后勤负责将厨余垃圾桶内的垃圾在规定时间内运至固定的垃圾集中装运点，对接市政厨余垃圾收运车清运，其他种类的垃圾由后勤安排车辆分类收集清运。

教学楼垃圾分类收集流程。教学楼所属各学院自备符合当地省市标准的垃圾分类桶。所属学院在劳动周安排学生清扫教学楼，将垃圾按类分别投放到固定的垃圾桶中。

3.校园公共区域及学院垃圾分类收集流程

公共区域按片区划分，由负责日常打扫的学生将垃圾收集起来，并由保洁员将果皮箱中的其他垃圾、可回收物及有害垃圾通过分类收集车进行分类，统一收集、运送到固定垃圾堆放点进行分类投放，后勤安排车辆分类清运。保洁员使用的分类收集车辆上需张贴相应分类标识。各单位楼栋内的垃圾需由保洁人员运送到就近的固定垃圾堆放点进行分类投放，后勤安排车辆分类清运。

第三节　大学生社会劳动实践

人民群众既是伟大的劳动者，也是人类文明的开创者，列夫托尔斯泰曾说，"人的幸福存在于生活之中，生活存在于劳动之中"，说明劳动还是人的幸福源泉。作为培养社会主义事业建设者和接班人的高等院校，鼓励学生积极参与社会劳动实践，对当代大学生树立劳动光荣、乐于奉献的理念，锻炼强健的体魄和培养吃苦耐劳的精神品质，具有不可替代的作用。

一、义务劳动与勤工助学

（一）义务劳动

1.义务劳动的概念

义务劳动又称为志愿劳动，是指不计定额、不要报酬、自觉自愿地为社会劳动。义务劳动虽然只比劳动多了"义务"二字，但却有更深的意义。《中华人民共和国劳动法》第六条规定："国家提倡劳动者参加社会义务劳动，开展劳动竞赛和合理化建议活动，鼓励和保护劳动者进行科学研究、技术革新和发明创造，表彰和奖励劳动模范和先进工作者。"《现代汉语词典（第7版）》对"义务"一词的解释是："不要报酬的。"而社会义务劳动是指社会公益活动，具体来说，就是有关卫生环境、抢险救灾、帮贫扶弱等群众性福利事业的义务劳动。这种劳动是完全建立在劳动者的主动性、自觉性的基础上，体现的是劳动者崇高的社会责任感和高尚的品德。社会义务劳动与劳动者在劳动关系范围内的法定劳动义务不同。对于社会义务劳动，劳动法在其规定中也只是提倡，并没有强制性要求。作为劳动者，可以参加，也可以不参加，这取决于劳动者本人的思想境界的高低，是道德范畴的问题。

2.义务劳动的意义

义务劳动涉及方方面面，大至国家，小至家庭。中华民族的伟大复兴以及中国梦的实现需要奉献和牺牲精神；新时代目标任务的实现需要奉献和牺牲精神；社会和经济发展需要全体人民发扬奉献和牺牲精神；做一个品德高尚的人需要奉献和牺牲精神。义务劳动，是一种精神文化的行为表现，它不可能像物质财富那样通过简单的购买和继承的方式来获得，具有不可转让性。

（1）提升劳动者的素质

面对日趋激烈的国际竞争，一个国家能否在未来发展中抢占先机、赢得主动，越来越取决于国民素质，特别是广大劳动者的素质。素质是立身之基，技能是立业之本。积极参加义务劳动，可以提高大学生的文明素质和道德水平，帮助他们树立"民生在勤，勤则不匮"精神和甘于奉献的责任意识，引导他们树立正确的人生观、价值观和世界观。

（2）促进个人全面发展

义务劳动能使大学生的身体充满活力，促进他们的身体发育；义务劳动，无论是体力劳动还是脑力劳动，要做出努力、耗费精力，要取得劳动成果，需要有顽强的意志，因而可以培养大学生的自信心、责任心；通过义务劳动，能培养大学生尊重劳动、热爱劳动、尊重劳动人民的品质，让他们认识到劳动没有贵贱之分，只要是劳动，就能为社会增加财富，就是为社会服务，从而养成劳动光荣的思想品德；义务劳动有利于培养大学生的创造意识和创新精神，大学生在义务劳动中既要动手，又要动脑，是一种创造性的活动。

总之，义务劳动不仅能培养大学生的生活技能，而且能促进大学生的体力发展和智力发展，培养大学生的创新精神和实践能力，帮助他们养成尊重劳动的思想品德。

3.义务劳动的要求

当今时代是创新的时代，创造新的知识、新的技术，不是凭空想出来的，而是在艰苦的劳动中创造出来的。义务劳动有利于创造财富，创造新的思维，从而促进人类进步。因此，帮助学生形成热爱劳动、尊重劳动的观念，鼓励他们积极参与义务劳动十分有必要。

（1）让义务劳动教育成为一种价值召唤

在观念层面，大力提倡义务劳动精神要凸显综合性与统领性，让义务劳动教育成为一种价值召唤。义务劳动并不是指狭义的体力劳动、志愿服务或直接的生产劳动，而是基于志愿服务、体力劳动与物质生产劳动的实践活动。在家庭生活之中体现为自理、自立的独立生活活动，在职业生活中体现为通过自己力所能及的各种劳动获取物质生活资料的活动，在社会生活中体现为通过丰富多样的方式为社会做出应有贡献的公益性活动，在学校学习中体现为与具体的学科知识相联系的需要实践和动手操作的、能够化知识为能力与智慧的活动。义务劳动教育不是社会、学校或家庭单方面的事情，而是这三个教育渠道相互配合、密切联系、各司其职的整体性教育活动。例如，学校的各种义务劳动可分为劳动课和校内及校外的适量的义务劳动，如义务家教，义务打扫卫生，义务植树，帮助老弱病残人员，协助交警疏导交通之类的劳动。

（2）让义务劳动成为一种积极的生存方式

在实践层面，要强化激励性与基础性，让义务劳动成为一种积极的生存方式。义务劳动教育不是刻意的、强制的观念和行为，而是自觉意识、自觉追求和自觉行为。但是义务劳动教育又无时不在、无处不在，它必须渗透到教育的各个环节、各个方面，成为整个教育的基础和归宿，因此高校应该把义务劳动的理念和行为渗透到学生生活、学习的各个环节，使之成为一种生活方式。

社会义务劳动的主要目的并不是创造物质财富，而是为了营造精神氛围，这对于社会发展而言是有意义的。一个国家，需要人民自发地奉献力量，需要人民自愿地为国家劳动。社会义务劳动既然是一种劳动，就必然存在着各种生产要素的合理组织与利用的问题，投入与产出的比较仍然是衡量它有效与否的根本标准。近几年来，各界群众都以不同形式或多或少地参加了义务劳动，为社会做出了应有的贡献。

（3）义务劳动应是学生德育实践的主要形式之一

学校是培养社会主义建设者和接班人的殿堂，劳动是财富的源泉、幸福的源泉。勤于劳动、善于创造是中华民族最为鲜明的伟大品格。当代学生应积极参加义务劳动，并在实践中提升自己，学校也应大力宣传义务劳动事迹，营造良好的氛围。学校开展义务劳动是贯彻党的教育方针和对学生进行德育教育的重要内容之一，它有利于增强学生的劳动观念和集体主义观念，有利于培养学生爱护公共财产的意识，有利于校园文明建设。

（二）勤工助学

1.勤工助学的概念

勤工助学是指学生在学校的组织下利用课余时间，通过劳动取得合法报酬，用于改善学习和生活条件的社会实践活动。在我国，勤工助学是贯彻教育与生产劳动相结合的一种教育经济活动，勤工助学对于推动学生素质教育，构建新的人才培养模式，促进学生成长有着重要意义。

勤工助学源于"济困"，学生通过"俭学"来达到完成学业的目的。随着社会进步，我国高校的勤工助学工作已从"济困"为主的阶段过渡到"济困与成才相结合"的社会实践阶段，越来越多的学生把勤工助学作为主动适应社会、参与社会实践、提升自身综合素质和能力的有效手段，勤工助学的内涵也越来越丰富，完成了从纯粹的"经济功能"到"人的全面发展教育功能"的转化。

（1）功能上由单纯解困向助困育人发展

如今，随着市场经济的发展和我国教育体制的改革，社会对复合型人才的需求不断扩大，学生价值观念和社会取向也在发生变化，成才意识日渐增强，勤工助学活动作为一项特殊的社会实践活动，其功能、内涵和作用不断得以拓展和延伸，育人功能更加突出。

（2）对象上由家庭贫困学生转向全体学生

随着勤工助学活动的深入开展，学生们对勤工助学活动的多重功能有了更深入的理解，逐渐被学生群体广泛认同，一些非贫困学生从实践锻炼的角度出发，主动参与勤工助学活动，因此参加勤工助学的学生群体由贫困学生和非贫困学生共同组成。

（3）类型上由普通型向专业型发展

学校在开展勤工助学活动的过程中，更加注重开发学生智力，发挥专业特色和优势，提高人才培养质量。学生参加勤工助学活动由主要从事劳务型、服务型、事务型工作岗位逐渐向从事专业型、技术型、管理型工作岗位转变，实现了专业学习、能力培养和经济资助三者的有机统一。

（4）形式上由个体自发向集体组织发展

过去学生参加勤工助学往往呈现出自发性、分散性的特点，存在一定的安全隐患，合法权益容易受到侵害。目前，学校普遍建立了统一的管理和服务机构，制定了详细的管理规定和运行机制，同时注重勤工助学基地建设，积极拓展勤工助学市场，使勤工助学有了更加广阔的发展空间，为学生创造了良好的勤工助学环境。

2.勤工助学的意义

（1）缓解学生经济压力

目前，高校生活中很大一部分时间是由学生自由支配的，勤工助学能够让贫困学生在业余时间展示其价值，通过自己的劳动来获取报酬，缓解经济压力，已成为学校实现"济困"的重要手段。

（2）培养学生的思想品格

当下，个别学生害怕吃苦，缺乏服务精神和团队意识，责任意识不强。通过勤工助学实践活动，能让学生感受到生活的艰辛，懂得什么是责任和担当，明白什么是感恩和奉献，有利于他们树立自信心，形成劳动光荣的观念，有利于他们树立正确的世界观、人生观和价值观，在团队中学会面对激烈的竞争，提高他们的心理承受能力，培养危机意识。同时，勤工助学实践能够培养学生的自我约束力、劳动意识和职业道德，这些都将成为他们以后人生道路上的宝贵财富。

（3）提高学生综合能力

在勤工助学实践活动中，学生的学习能力、社会能力及内省能力都能得到进一步提高。从校内岗位到校外岗位，从懵懂跟从到独立选择，从志忑上岗到独当一面，学生的实践能力和独立分析问题、解决问题的能力明显提升；学生提前接触社会，了解社会规则，调整自己的心理预期，改进自身不足，满足社会需求，团队意识、自律能力、心理素质明显提升，社会适应能力显著提高。另外，通过勤工助学，学生的学习能力和专业素质也得到了增强，学生把学到的专业知识很好地运用到实践中去，边学习边实践，不仅可以让自己的专业知识更扎实，同时还可以从专业出发去发展相应的特长，增强个人能力。

（4）增强学生创新创业能力

勤工助学引导学生从课堂到课外，从学校到企业，从学生到职员，从兼职到就业、创业，开阔了学生的视野。学生在自己熟悉领域的长期实践，能让他们的判断更理性，从创新的角度重新审视身边的各种资源，寻求资源的优化配置，谋求更大的发展。学生在勤工助学过程中容易迸发出创新想法和创业激情，结合团队管理、项目运作、人际管理、目标管理等，进入一个融会贯通、将所学所思转化为所为的新境界，创新创业能力大大提升。

（5）促进学生就业

勤工助学能不断提升学生的组织管理能力和待人接物能力，使学生的职业素质和职业能力得到全方位提升，帮助他们储备优质就业和自主创业所需要的身心素质和技能。

3.勤工助学的策略

（1）提升认识，巧于规划

勤工助学是带有主观能动性色彩的自我提升活动。大学生参加勤工助学活动，首先在思想上对勤工助学要有正确的认识。勤工助学是学生成长成才的重要途径之一，唯有将其与自身的职业生涯规划结合在一起，才能更好地促进学生成长。研究表明，明确职业规划路径的学生对勤工助学活动有着更为正确的认知。

其次，要正确认识自我。大学生可以借助专业的职业生涯测评工具，对自身潜能、兴趣爱好、特长等进行主动探索，对自我形成正确的认识，进而形成正确的劳动与学习的理念，这样在参与勤工助学活动时将更有把握。在现实生活中，一个能清晰认识自我的学生，在价值取向多元化的今天更能够坚守立场。

最后，大学生在参与勤工助学实践活动时要把握规划的主动权，根据对自己的能力与职业价值观等的分析，结合劳动内容，把握当前学业，思考未来创业就业，把勤工俭学岗位中的实践经验与毕业之后的规划相联系，把个人所学的专业与勤工俭学岗位的工作内容联系起来，有计划地迈出第一步。事实证明，自我规划做得好的学生，在勤工助学活动中更有底气，最终也能有更多的收获。

（2）主动参与，乐于实践

勤工助学也是大学生社会实践活动的一种形式。《中共中央、国务院关于进一步加强和改进大学生思想政治教育的意见》指出，"社会实践是大学生思想政治教育的重要环节，对于促进大学生了解社会、了解国情，增长才干、奉献社会，锻炼毅力、增长品格，增强社会责任感具有不可替代的作用"。大学生应积极参加包括勤工助学在内的各项社会实践活动，在实践中接受勤工助学的特殊教育。实践是检验真理的唯一标准。学生应当主动以劳动者的身份投入勤工助学实践，只有在实践中才能真切地体验社会劳动，只有在实践中才能真实体现校内的专业学习与工作的关系。

（3）注重协调，善于学习

勤工助学与学习的关系需要协调处理。勤工助学的主体是学生，学生的首要任务是学习，在高等院校中，学生每个学期的课程、实训以及实习的时间不是固定的，勤工助学的时间与学习的时间需动态调整，以适应双方的需求，参与勤工助学的学生需要直面二者之间的冲突，权衡利弊，科学判断，重视协调，在协调二者关系的过程中学会用全面的眼光看待问题。同时，可虚心学习他人的先进经验。例如，低年级勤工助学的学生可以向高年级学生学习协调"工"与"学"之间的关系，向先进的榜样学习，通过汲取优秀经验，使自己以开阔的眼界去审视勤工助学岗位，站在经济社会发展和个人发展相结合的角度，正确处理"工"与"学"的关系。

（4）重在行动，勤于总结

勤工助学是一项在行动中综合提升个人能力的活动。当前，高校勤工助学育人体系的建设主要由政府、社会、高校和学生共同参与，这是一个长期实践、总结、提升的过程。每一个学生的勤工助学活动都是一次生动的实践，在行动中需要进一步归纳总结，以探索处理勤工助学与学习关系的路径。在处理勤工助学与学习关系的过程中，学生要善于自我反省与自我总结，将好的经验留下、不好的经验去除，在个人的实践中总结提升；通过参与学校勤工助学建设、育人模式等方面的课题研究，增强发现问题、分析问题和解决问题的能力，提高学习和研究水平，并通过研究促进实践，提高工作的专业化程度。

二、专业服务、科技活动及创新劳动

（一）专业服务

1.专业服务的概念

专业服务是指某个组织或个人，应用某些方面的专业知识和专门知识，按照客户的需要和要求，为客户在某一领域内提供特殊服务，其知识含量和科技含量都很高。

2.专业服务的类型

专业服务一般可以分为生产者专业服务和消费者专业服务，具体包括法律

193

服务，会计、审计和簿记服务，税收服务，咨询服务，管理服务，与计算机相关联的服务，生产技术服务，工程设计服务，集中工程服务，风景建筑服务，城市规划服务，旅游机构服务，公共关系服务，广告设计和媒体代理服务，人才猎头服务，市场调查服务，美容美发服务，等等。

（二）科技活动

1.科技活动的概念

科技活动指所有与各科学技术领域（自然科学、工程和技术、医学、农业科学、社会科学及人文科学）中科技知识的产生、发展、传播和应用密切相关的系统的活动。它包含两个方面的含义，第一是科学技术活动的性质，即这些活动必须集中于或密切关系到科技知识的产生、发展、传播和应用；第二是所涉及的领域，即这些活动是在自然科学、工程与技术、医学、农业科学、社会科学及人文科学领域内进行的。

大学生要积极参与科技活动，培养自身的科技创新精神和创新能力，培养主动学习、不断追求新知识的精神，养成善于独立思考问题的习惯，提高勇于实践、勇于创新的能力。

2.科技活动的分类

科技活动分为三类：研究与试验发展，研究与试验发展成果应用，以及技术推广与科技服务。

（1）研究与试验发展活动

研究与试验发展活动指为增加知识的总量（包括人类、文化和社会方面的知识），以及运用这些知识去创造新的应用而进行的系统的、创造性的工作。研究与试验发展的基本要素如下：具有创造性，具有新颖性，运用科学方法，产生新的知识或创造新的应用。只有同时具备这四个条件，才是研究与试验发展活动。在上述条件中，创造性和新颖性是研究与试验发展的决定因素，产生新的知识或创造新的应用是创造性的具体体现，运用科学方法则是所有科学技术活动的基本特点。

（2）研究与试验发展成果应用

研究与试验发展成果应用指为使试验发展阶段产生的新产品、材料和装置，建立的新工艺、系统和服务，以及作实质性改进后的上述各项能够投入生产或在实际中运用，解决所存在的技术问题而进行的系统的活动。它不具有创新成分，研究与试验发展成果应用只适用于自然科学、工程和技术、医学和农业科学领域，其特点如下。

一是使试验发展的成果用于实际解决有关技术问题。

二是运用已有知识和技术，不具有创新成分。

三是成果形式是可供生产和实际使用的带有技术、工艺参数规范的图纸、技术标准、操作规范等。

研究与试验发展成果应用不包括建筑、邮电、线路等方面的常规性设计工作，但包括为达到生产目的而进行的定型设计，以及为扩大新产品的生产规模和新工艺、新方法、新技术的应用领域而进行的适应性试验。

（3）技术推广与科技服务

技术推广与科技服务是指与研究和试验发展活动相关并有助于科学技术

知识的产生、传播和应用的活动，包括为扩大科技成果的适用范围而进行的示范推广工作；为用户提供信息和文献服务的系统性工作；为用户提供可行性报告、技术方案、建议及进行技术论证等技术咨询工作；自然、生物现象的日常观测、监测，资源的考察和勘探；有关社会、人文、经济现象的通用资料的收集，如统计、市场调查等，以及这些资料的常规分析与整理；对社会和公众的科学普及；为社会和公众提供的测试、标准化、计量、计算、质量控制和专利服务，但不包括企业为进行正常生产而开展的此类活动。

3.学校的科技活动

科技活动是科技教育的一种重要形式，是每一个学生都应体验和经历的学习方式，是打破学科界限，给学生运用所学知识解决问题的最好实践机会，是改变学生知识存储方式的最好方法。它面向全体学生，让所有学生都参与到科技活动中，动手动口又动脑，能够更好地激发和培养学生的科技创新意识。学校的科技活动主要包括以下三个层面的内容：国家级的竞赛项目，省、市、县一级的竞赛项目，校级的竞赛项目。

学校的科技活动应该是内容最丰富、形式最多样、最具有个性化的活动，可以为学生提供更多展示才能的机会。

学校科技活动的场所主要包括课堂和课外活动场所。由于空间有限，教室很难为学生创新思维的发展提供足够的创造空间，因此学生要重视学校组织的有目的的科技活动，如"走进科技馆、走进企业、走进高新技术基地"等科技活动，帮助学生独立进行探索或创造活动。

（三）创新创业劳动

1.创新创业的概念

（1）创新

创新是指以现有的思维模式提出有别于常规或常人思路的见解，利用现有的知识和物质，在特定的环境中，本着理想化需要或为满足社会需求而改进或创造新的事物、方法、元素、路径、环境，并能获得一定有益效果的行为。创新是人类特有的认识能力和实践能力，是人类主观能动性的高级表现，是推动民族进步和社会发展的不竭动力。

（2）创造

创造是指将两个或两个以上概念或事物按一定方式联系起来，主观地制造客观上能被人普遍接受的事物，以达到某种目的的行为。简而言之，创造就是把以前没有的事物生产出来。因此，创造的一个最大特点是有意识地对世界进行探索性劳动。

（3）创新创业

创新创业是指基于技术创新、产品创新、品牌创新、服务创新、商业模式创新、管理创新、组织创新、市场创新、渠道创新等方面的某一点或几点创新而进行的创业活动。创新是创新创业的特质，创业是创新创业的目标。创新强调的是开拓性与原创性，而创业强调的是通过实际行动获取利益的行为，因此在创新创业这一概念中，创新是创业的基础和前提，创业是创新的体现和延伸。

2.创新创业劳动的价值

（1）创新精神和创新能力备受现代企业推崇，被赋予极高的价值

创新在现代企业未来的发展中起着至关重要的作用。企业的经营离不开创新，管理也需要创新。好的创意不仅可以使企业起死回生，还会使企业兴旺发达。那些具有创新精神和创新能力的企业，如华为、腾讯、小米、吉利等，都是通过不断创新，获得了更高的利润。

当今的世界已经进入知识经济时代，先进的科学知识成为一个国家经济增长的主要支柱，掌握足够多的先进技术、保持较高的技术水平，才能走在世界发展的前列，才能在竞争中立于不败之地。我们知道，一个人的创新能力不是与生俱来的，而是在后天的不断学习和训练中逐步提高和增强的，因此大学生应通过积极参与创新创业劳动来培养自己的创新意识和创新能力。

（2）培养创新精神，树立创业意识，激发劳动创造力

创新精神、创业意识是当代学生必须具备的重要个人素质。引导学生树立实现自我价值的强烈创新创业意识，有利于学生用劳动实现人生价值，从而激发学生的劳动创造力。学生要通过创新思维正确认识自己，培养创业意识来激发自我潜能，提升创业能力，从而创造劳动价值、个人价值和社会价值。

（3）培养创新创业实践能力和分析解决问题的能力

"大众创业、万众创新"是指导人们进行创新创业、引领时代潮流变革的重要方针，是新时代中国特色社会主义对人才培养的基本要求。学生在学习期间可以积极参加各种创新创业劳动，立足于未来岗位，不断地学习新知识、新技能，充分发挥自己的聪明才智，利用掌握的知识在劳动中多进行技术创新，增强自己的劳动本领。

参 考 文 献

[1] 安鸿章.劳动简论[M].北京：北京理工大学出版社，2021.

[2] 安鸿章.劳动实务：高等职业院校劳动教育读本[M].北京：北京理工大学
出版社，2020.

[3] 蔡映辉，刘祥玲.高校服务性劳动教育：理论与探索[M].北京：科学出版
社，2021.

[4] 郭海龙.中国特色社会主义劳动价值观研究[M].成都：西南交通大学出版
社，2020.

[5] 何卫华，林峰.大学生劳动教育理论与实践教程[M].厦门：厦门大学出版
社，2019.

[6] 金志浩，李川，王良印.新时代高校劳动教育教程[M].北京：中国石化出
版社，2022.

[7] 劳赐铭，朱颖.新时代高校劳动教育实务[M].北京：中国人民大学出版社，
2022.

[8] 李岁月.马克思劳动观及其当代价值研究[M].北京：社会科学文献出版
社，2021.

[9] 刘松林，霍江华，王瑞兰.新时代高校劳动教育理论与实践教程[M].长春：
东北师范大学出版社，2020.

[10] 刘向兵.劳动通论[M].北京：高等教育出版社，2020.

[11] 刘向兵.劳动的名义[M].北京：中国工人出版社，2018.

[12] 刘向兵.新时代高校劳动教育论纲[M].北京：社会科学文献出版社，2019.

[13] 孙家学，耿艳丽，邵珠平.新时代高校劳动教育通论[M].北京：高等教育出版社，2021.

[14] 王一涛，杨海华.大学生劳动教育与实践[M].苏州：苏州大学出版社，2021.

[15] 王作辉，肖强，田曼.新时代劳动教育理论与实践[M].北京：中国言实出版社，2020.

[16] 夏明月.劳动伦理与企业竞争力[M].上海：上海财经大学出版社，2019.

[17] 夏一璞.中国特色社会主义劳动观研究[M].北京：首都经济贸易大学出版社，2017.

[18] 徐趁丽，石林，佘林芳.新时代大学生劳动教育教程[M].北京：中国书籍出版社，2020.

[19] 闫祖书.新时代高校劳动教育概论[M].北京：中国林业出版社，2022.

[20] 严怡，石定芳.新时代高校劳动教育指导[M].重庆：西南大学出版社，2022.

[21] 杨伟国，代懋.劳动与雇佣法经济学[M].上海：复旦大学出版社，2013.

[22] 杨小军.新时代高校劳动教育探究[M].北京：中国社会科学出版社，2022.

[23] 尤瓦尔•赫拉利.人类简史：从动物到上帝[M].林俊宏，译.北京：中信出

版社，2018.

[24] 余金保. 新时代大学生劳动教育教程[M]. 北京：北京理工大学出版社，2022.

[25] 袁国，徐颖，张功. 新时代劳动教育教程[M]. 北京：航空工业出版社，2020.

[26] 张龙. 高校劳动教育的课程建设体系构建与创新发展[M]. 北京：化学工业出版社，2021.

[27] 赵鑫全，张勇. 新时代大学生劳动教育[M]. 北京：机械工业出版社，2020.

[28] 赵章彬. 高等职业院校劳动文化建设与创新研究[M]. 北京：中国农业大学出版社，2019.